Roger Dufraisse

NAPOLEON

Roger Dufraisse

NAPOLEON

Revolutionär und Monarch
Eine Biographie

Mit einem Nachwort
von Eberhard Weis

Aus dem Französischen
von Suzanne Gangloff

C.H. Beck Verlag München

Mit 13 Abbildungen

Die Deutsche Bibliothek – CIP-Einheitsaufnahme

Dufraisse, Roger:
Napoleon : Revolutionär und Monarch ; eine Biographie / Roger Dufraisse. Aus dem Franz. von Suzanne Gangloff. Mit einem Nachw. von Eberhard Weis. – München : Beck, 1994
Einheitssacht.: Napoléon <dt.>
ISBN 3-406-38069-7

ISBN 3 406 38069 7

Satz: Fotosatz Janß, Pfungstadt
Druck und Bindung: Franz Spiegel Buch GmbH, Ulm-Jungingen
Gedruckt auf säurefreiem,
aus chlorfrei gebleichtem Zellstoff hergestellten Papier
Printed in Germany

Inhalt

Drittes Kapitel

Der Eroberungszug des Kaisers
(1804–1809)

Seite 93

Viertes Kapitel

Napoleon I. und die Revolution

Seite 119

Vorwort

Napoleon – mit 30 Jahren Erster Konsul, mit 35 Kaiser und mit 46 Gefangener auf Sankt Helena – hat in seiner Eigenschaft als Monarch nur zehn Jahre lang regiert. Als er sich aus dem Rampenlicht zurückziehen mußte, brachen das Reich, das er gegründet, und das System, mit dessen Hilfe er halb Europa beherrscht hatte, zusammen. Und dennoch ist, wie Jean Tulard formulierte, «das napoleonische Abenteuer der Ausgangspunkt für die Entwicklung des modernen Ägypten ebenso wie für die Unabhängigkeit Lateinamerikas; es beschleunigte die Inbesitznahme Australiens durch England und vermittelte Java den Plan für ein Straßennetz, das seither nicht mehr verändert worden ist. Die Auswirkungen der Kriege, die es nach sich zog, machten sich bemerkbar bis an die Ufer der Großen Seen Nordamerikas und bis an die Gestade des Indischen Ozeans. Unter den ersten Napoleon-Historiographen befanden sich ein Chinese und, wenig später, ein Brasilianer. Kurz, ein weltweites Echo.»

Noch heute ist Napoleons Grab das meistfrequentierte französische Denkmal, und die Mehrzahl seiner Besucher sind Nicht-Franzosen. Auf einer Pariser Bühne ist ein Stück mit dem Titel «Napoleon» seit Jahren ein Dauererfolg. 165 Jahre nach seinem Tode vermag Napoleon uns noch immer in seinen Bann zu ziehen, unser Interesse wachzuhalten und uns in Erregung zu versetzen; sein Schicksal hat die Menschen von Generation zu Generation immer wieder zum Nachdenken angeregt und ihre Einbildungskraft gefesselt.

Diesem Band liegt das Bestreben zugrunde, den in den letzten Jahren gewonnenen Erkenntnissen der Geschichtsforschung über Napoleon und seine Zeit Rechnung zu tragen. Damit verbindet sich nicht der Anspruch, etwas Erschöpfendes oder Endgültiges vorzulegen, denn die Geschichte Napoleons «wird niemals völlig abgeschlossen sein, noch jemals vollständig geschrieben werden».

Erstes Kapitel

Napoleon Bonaparte vor dem Brumaire

Als Napoleon auf dem Höhepunkt seiner Macht erklärte, er fühle sich ebensosehr als Erbe Ludwigs des Heiligen wie als Erbe des Wohlfahrtsausschusses, sollte das gewiß bedeuten, daß er das gesamte Vermächtnis, das ihm die Geschichte Frankreichs hinterlassen hatte, anzutreten bereit war; zweifellos wollte er damit aber auch dem Ancien Régime wie der Revolution gegenüber, beide Wegbereiter seiner erstaunlichen Karriere, seine Dankbarkeit bezeugen.

Vom heimatlichen Korsika zum Kommando über die Italien-Armee

Napoleone Buonaparte – so schrieb er seinen Namen bis 1795 - wurde als Franzose geboren: Er erblickte das Licht der Welt in Ajaccio am 15. August 1769, also 15 Monate nachdem Korsika an Frankreich gefallen war. Seine Familie hatte zunächst an der Seite Paolis am bewaffneten Widerstand gegen die Annexion teilgenommen, sich nach einigen Monaten jedoch schließlich zu Frankreich bekannt. Aber erst 1793, mit dem Scheitern seiner hochfliegenden Pläne, der Familie Buonaparte eine führende Rolle auf der Insel zu verschaffen, hörte Napoleone auf, sich als Korse zu betrachten, und fühlte sich nur noch als Franzose.

Die Familie

Der Clan der Buonaparte lebte zwar nicht im Überfluß, war aber auch nicht arm. Zwölf Kinder, von denen acht am Leben blieben, wurden Charles Buonaparte, einem Angehörigen des niederen Adels, und seiner Gemahlin Maria Laetizia Ramolino geboren; Napoleone war das vierte der zwölf geborenen und das zweite der acht überlebenden Kinder.

Um seine große Familie ernähren zu können, erbat der Vater, seit er sich der französischen Partei angeschlossen hatte, vom Gouverneur der Insel, dem Grafen Marbeuf, unermüdlich Freiplätze und Vergünstigungen. 1779 zum Abgeordneten des korsischen Adels am Hofe Ludwigs XVI. ernannt, reiste er auf den Kontinent in Begleitung seiner beiden ältesten Söhne – Joseph, den seine Familie für den kirchlichen Stand bestimmt hatte, und Napoleone. Beide traten in das Collège von Autun (Burgund) ein. Der jüngere blieb dort nur zwei Monate; am 15. Mai 1779 kam er, dank eines Stipendiums des Königs, auf die Militärschule von Brienne-le-Château (Champagne).

Die Schuljahre

Die von den Minimen geführte Schule in Brienne war eine der zwölf Anstalten, die der Kriegsminister Graf Saint-Germain eingerichtet hatte, um 650 Söhne des Adels auf Kosten des Königs im Kriegshandwerk ausbilden zu lassen; die besten unter ihnen wurden nach zwei Jahren in die Militärschule von Paris aufgenommen. Es war somit die Fürsorglichkeit der Monarchie gegenüber dem Kleinadel, die es Buonaparte ermöglichte, die Militärlaufbahn einzuschlagen.

Von schmächtiger Gestalt, des Französischen kaum mächtig und Zielscheibe der Schikanen seiner Kameraden, fristete er in Brienne, fern seiner Familie, ein freudloses Dasein. Rückblickend behauptete er freilich, sich dennoch gern an diese Zeit zu erinnern. Einen seiner Mitschüler, Bourrienne, machte er in der Folge zunächst zu seinem Sekretär, dann zum Staatsrat und schließlich zum Gesandten in Hamburg, einen anderen, Bourgeois de Jessaint, zum Präfekten des Departement Marne; seinen Schuldirektor Breton ernannte er später zum Direktor des Gymnasiums von Reims; sein Mathematiklehrer Pichegru durfte sich indessen keines Gunstbeweises erfreuen – er ging leer aus.

In Brienne war Buonaparte nur ein mittelmäßiger Schüler. Die Lektüre der lateinischen Schriftsteller – Cicero, Titus Livius, Horaz, Vergil – war ihm eine lästige Pflicht; hingegen verschlang er die Lebensbeschreibungen großer Männer von Plutarch, die großen Autoren des klassischen französischen Theaters, die Trauerreden von Bossuet; und er begeisterte sich für Geschichte und Geographie. Seine Vorliebe galt «den tugendreichsten Männern des Menschengeschlechts» und ganz besonders Caesar, in seinen Augen Inbegriff menschlicher Größe – Krieger, Staatsmann und Schriftsteller in einem; wie dieser möchte auch er eines Tages mehrere Berufe meistern. Nachdem er gleich beim ersten Anlauf das Abschlußexamen bestanden hatte, trat er am 19. März 1784 als Offizierskadett in die École Militaire du Champs-de-Mars ein. Dort zeigten sich alle seine Professoren, darunter auch der Mathematiker Gaspard Monge, der Geschützkunde unterrichtete, mit seinen Leistungen zufrieden. Dank seiner ausgezeichneten Mathematikkenntnisse vermochte er bereits nach einem Jahr – statt nach den normalerweise vorgesehenen zwei Jahren – das Offizierspatent eines Leutnants der Artillerie zu erwerben. Zu diesem Zeitpunkt war er «16 Jahre und 15 Tage» alt (September 1785).

«Ich bin mehr Champenois als Korse, denn von meinem neunten Lebensjahr an wurde ich in Brienne erzogen» – diese Feststellung traf er auf Sankt Helena für die Ohren der Nachwelt; in Wirklichkeit hatte er sich bis 1793 als Korse gefühlt und eine dumpfe Feindseligkeit gegen die Herrschaft Frankreichs gehegt, deren sich, wie er inständig hoffte, seine Landsleute entledigen würden.

Die ersten Garnisonen

Nach Absolvierung der École Militaire du Champs-de-Mars wurde Napoleone Buonaparte dem zu diesem Zeitpunkt in Valence stationierten «Régiment de la Fère des königlichen Artilleriekorps» als Unterleutnant überstellt. Nun begann für ihn das Garnisonsleben mit seiner Eintönigkeit und Knechtschaft. Diensteifer legte er kaum an den Tag: Vom 28. Oktober 1785 bis 30. September 1791 war er insgesamt 38 Monate auf Urlaub und verbrachte nur 33 bei seinem Korps in Valence, Lyon, Douai, Auxonne und noch einmal in Valence. Er lebte äußerst bescheiden von seinem kärglichen Sold und hielt sich, wenn auf Urlaub, die meiste Zeit in Ajaccio bei seiner Familie auf. Seit dem Tod seines Vaters im Februar 1785 behauptete sich Napoleone zuneh-

Napoleon als 16jähriger.

mend als Chef des Clans Buonaparte und nahm so die Stellung ein, die eigentlich seinem älteren Bruder Joseph gebührt hätte.

Die Schulzeit und die Jahre, in denen er als Offizier oft nur ein Schattendasein führte, waren für seine militärische Fortbildung entscheidend. Jean Baptiste Vaquette de Gribeauval, Generalinspekteur der Artillerie, hatte sich nicht damit begnügt, die französische Artillerie mit ausgezeichnetem Kriegsgerät zu versehen (1765), er hatte auch ein anspruchsvolles Ausbildungsprogramm für ihre Offiziere angeordnet. Buonaparte mußte daher sämtliche Infanteriemanöver kennen und befehligen lernen und sich mit allen Einsatzmöglichkeiten der Artillerie vertraut machen. Während seiner Teilnahme an Lehrgängen in Paris und Auxonne (Burgund), die durch Übungen auf der Karte und im Gelände ergänzt wurden, eignete er sich die Grundbegriffe der Strategie an. Sein Lehrmeister in Auxonne war Baron du Teil, dessen Bruder das Werk *Usage de l'artillerie nouvelle* geschrieben hatte, in welchem er eine Methode des Einsatzes der Artillerie unter höchstmöglicher Ausnutzung der Leistungsfähigkeit und Beweglichkeit des zeitgenössischen modernen Materials zur Doktrin erhob.

Buonaparte vervollständigte seine im Gelände gewonnenen Erkenntnisse durch das Studium der 1745-1746 von de Maillebois in Italien geführten Feldzüge sowie der Operationen Friedrichs des Großen im Siebenjährigen Krieg. Außerdem beschäftigte er sich intensiv mit Feuquière und dessen *Mémoires sur la guerre* und mit Jacques Antoine Graf Guibert und dessen 1770 erschienenem *Essai général de tactique,* in dem Guibert die Auffassung vertrat, bei einem Gefecht komme es hauptsächlich auf Weiträumigkeit und Schnelligkeit der Bewegungen an, was im vorhinein die Aufstellung von Divisionen jeder Waffengattung erforderlich machte, ferner die Verringerung der jeweiligen Truppenstärke und Versorgungsdienste sowie die Gliederung der Formationen und die Dezentralisierung der Kommandogewalt - sämtlich Reformen, die Carnot und Napoleon verwirklichen sollten. Guibert hielt nicht viel von festen Plätzen, und in dieser Hinsicht blieb Napoleon, ansonsten durchaus kein unkritischer Leser, Guiberts Doktrin vielleicht zu stark verhaftet. Seinem Manövriertalent zweifellos allzu sehr vertrauend, kümmerte er sich nicht um die festen Plätze im Inland, ein Fehler, der ihm 1814 zum Verhängnis werden sollte.

In Anbetracht der Tatsache, daß Napoleon in seiner Schul- und Kadettenzeit und vor allem in seinen ersten Garnisonen soviel gelesen hat, dürfte er, wenn auch nicht eben ein Mann von Kultur, so doch ein Mann von umfassendem Wissen gewesen sein. Mit den *Digesten* Kaiser Justinians – aus denen er, ohne sie zuvor wiedergelesen zu haben, anläßlich der Ausarbeitung des *Code Civil* ganze Seiten auswendig zu zitieren vermochte – war er ebenso vertraut wie mit den Werken von Rousseau und Raynal (beide Verfechter der Unabhängigkeit Korsikas), von Voltaire, Rollin - damals die Autorität für römische Geschichte –, Mirabeau und Necker.

In diesen Jahren verfaßte Buonaparte einige Schriften, aus denen seine grenzenlose Bewunderung für den korsischen Patrioten Paoli spricht; ferner belegen sie, daß er wie viele Offiziere seiner Waffengattung unter dem Einfluß der neuen Ideen stand. So konnte man in seiner *Dissertation sur l'autorité royale* vom Oktober 1788 lesen: «Es gibt kaum einen König, der es nicht verdient hätte, entthront zu werden».

Während seines Aufenthalts in Auxonne wurde er Zeuge der ersten Unruhen, die den Beginn der Revolution begleiteten. Im April 1789 nahm er mit seiner Kompanie an einem Einsatz in Seurre zur Aufrechterhaltung der Ordnung teil, in dessen Verlauf er die vielsagenden Worte äußerte: «Die rechtschaffenen Leute sollen nach Hause gehen, ich schieße nur auf das Gesindel». Zurück in Auxonne, erlebte er im Juli, wie die Menge in das Zollamt eindrang und die Steuerunterlagen verbrannte. Und im August meuterte gar sein Regiment. Da kam ihm der Gedanke, daß der Verfall der königlichen Amtsgewalt die Verwirklichung seines korsischen Traumes ermöglichen könne. Er ließ sich beurlauben und erreichte im September 1789 Ajaccio.

Die Revolution: Aus Buonaparte wird Bonaparte

Kaum auf der Insel gelandet, sah er sich bereits enttäuscht: Die Revolution hatte die Zwietracht zwischen den verfeindeten Clans wieder aufleben lassen. Paoli hatte sich die Prinzipien von 1789 zu eigen gemacht, aber sein Vaterland war und blieb Korsika, und die Franzosen waren für ihn lediglich «Mitbrüder». Nur widerstrebend ließ er sich dazu herbei, die Dienste der Söhne seines alten Feindes Charles anzunehmen, die sich mit Vehemenz in die politischen Auseinandersetzungen gestürzt hatten, in den Clubs große Reden führten und Pamphlete und Denkschriften verfaßten.

Am 21. Februar 1790 kehrte Buonaparte zu seinem Regiment in dessen Garnison Auxonne zurück. Er wurde zum Oberleutnant befördert und trat dem örtlichen Jakobinerclub bei. Anläßlich seiner Teilnahme an einem Preisausschreiben der Akademie von Lyon über das Thema «Welche Wahrheiten und welche Gefühle sind den Menschen um ihres Glückes willen zwingend zu vermitteln?» füllte er 40 Seiten mit Banalitäten und einem Gemisch aus rückhaltloser Befürwortung der Ideen Rousseaus und Raynals, strenger Verurteilung des Despotismus und Lobeshymnen auf die von Paoli auf Korsika durchgeführten Reformen, die die Jury taktvollerweise nicht prämierte. In einer weiteren Abhandlung, zu der ihn die Flucht des Königs angeregt hatte, gibt er sich als Verfechter einer republikanischen Lösung für Frankreich zu erkennen, einer Idee, die damals gerade heranzureifen begann.

Ungeachtet des an den Grenzen drohenden Krieges wurde der Leutnant Buonaparte erneut vom Dienst beurlaubt und kehrte im September 1791 nach Korsika zurück. Da er am 1. Januar 1792 beim Generalappell seines Regiments fehlte, wurde er aus der Stammrolle der Armee gestrichen; infolgedessen konnte er sich, ohne das Gesetz zu verletzen, von einem der Freiwilligen-Bataillone, die ebenso wie in allen übrigen Departements auch auf der Insel aufgestellt wurden, zum Oberstleutnant wählen lassen. Am 9. April 1792 ließ er in den Straßen von Ajaccio auf das gegen die Zivilverfassung des Klerus protestierende einfache Volk schießen – was ihm die Feindschaft der konterrevolutionären Clique unter Pozzo di Borgo eintrug – und bemächtigte sich, entgegen den Anordnungen seines Obersten, der Zitadelle, die er jedoch auf Befehl Paolis der regulären Armee übergeben mußte.

Da beschloß er, nach Paris zurückzukehren und sich wieder in die Armee aufnehmen zu lassen, um sich seine Stellung zu sichern für den Fall, daß ihm auf Korsika kein Erfolg beschieden sein sollte. Am 20. Juni 1792 wurde er Zeuge des Sturms der Massen auf die Tuilerien. Daraus zog er den Schluß, daß die Gesellschaft in zwei Lager zerfiele, den «Pöbel» und die «rechtschaffenen Leute«; seine Sympathien galten den letzteren und ihrem damaligen Führer La Fayette. In seinem ganzen tätigen Leben sollte er diese Abneigung gegen das «Gesindel» nicht mehr verlieren.

Am 10. Juli 1792 wurde er durch einen Erlaß Ludwigs XVI. wieder in die Armee aufgenommen. Am 10. August wurde, nach einem neuerlichen Sturm der Massen auf die Tuilerien, die Monarchie abgeschafft. Buonaparte machte keinen Hehl aus seiner Verachtung für den König, der nur kapituliert hatte, weil er vom Pöbel dazu gezwungen worden war. Anstatt mit seinem Regiment zur Grenze abzurükken, zog er es vor, sich erneut nach Korsika zu begeben und den Rang eines Oberstleutnants in seinem Freiwilligen-Bataillon wieder einzunehmen.

Da der König von Sardinien Frankreich den Krieg erklärt hatte, erhielten Buonaparte und seine Einheit den Befehl, die sardischen Magdaleneninseln zu besetzen; das Unternehmen geriet jedoch zu einem Mißerfolg (23. Februar 1793). Bald darauf brach Paoli mit Frankreich, und der Nationalkonvent erließ – vermutlich aufgrund einer Beschuldigung, die Luciano Buonaparte bei den Jakobinern von Toulon gegen ihn vorbrachte – einen Haftbefehl gegen ihn als einen Verräter und Agenten Englands. Ajaccio erhob sich; die Buonaparte hatten die Pozzo di Borgo, eingefleischte Royalisten, und alle hinter Paoli stehenden Patrioten gegen sich aufgebracht; ihr Haus wurde verwüstet. Laetizia und ihre Kinder mußten nach Calvi fliehen; von dort aus brachte ein Schiff sie nach Toulon (11. Juni 1793), bis sie schließlich in Marseille Zuflucht fanden. Von diesem Augenblick an standen Napoleone und sein Clan endgültig auf seiten Frankreichs, nicht so sehr aus Begeisterung für die Revolution, sondern weil sie von Korsika verstoßen worden waren; dort hatte Paoli einstweilen den Sieg davongetragen.

Korsika hegte, zumindest bis 1815, einen hartnäckigen Groll gegen die Buonaparte; die Ergebnisse der in den Jahren VIII, X und XII abgehaltenen Plebiszite fielen auf der Insel weniger glänzend aus als andernorts, und sowohl während des Konsulats als auch während des Kaiserreichs war die Zahl der flüchtigen Ausgehobenen und der Deserteure auf Korsika proportional am höchsten.

Napoleone Buonaparte hatte gut daran getan, mit der französischen Armee nicht ganz zu brechen. Nachdem er Korsika für immer verlassen hatte, übernahm er in Nizza das Kommando über eine Kompanie seines Regiments. Als er vorübergehend nach Avignon abkommandiert war, um Geleitzüge für die Italien-Armee zu organisieren, befand sich die mit dem Föderalismus der Girondisten sympathisierende Provence im Aufstand gegen den Nationalkonvent. Buonaparte machte den Aufstand zum Thema seines fiktiven Dialogs *Le Souper de Beaucaire*. In diesem Gelegenheitswerk kritisiert er den Föderalismus und erweist sich gleichzeitig als ein über die damalige militärische und politische Situation Frankreichs ausgezeichnet informierter Autor, der den Ideen der Bergpartei zwar voll zustimmt, aber auch eine allgemeine Versöhnung wünscht (um die er sich nach dem Brumaire bemühen sollte).

Am 16. September 1793 wurde «der Bürger Buonaparte, Hauptmann auf dem Weg zur Italien-Armee» von den Kommissaren Salicetti und Gasparin angefordert, damit er das Kommando über die Artillerie der Armee übernehme, die das von den Föderalisten an die Engländer ausgelieferte Toulon belagerte.

Die Beziehungen zwischen General Carteaux (einem ehemaligen Anstreicher), der die Belagerungsarmee befehligte, und dem Artilleristen waren gespannt, da dieser angesichts der topographischen Gegebenheiten die Meinung vertrat, die Stadt müsse durch den Einsatz der Artillerie, unterstützt von der Infanterie, eingenommen werden, eine Auffassung, die sein Vorgesetzter nicht teilte. Buonaparte erreichte beim Wohlfahrtskomitee, daß die Belagerungsartillerie verstärkt und einem Artilleriegeneral unterstellt wurde; dieser war du Teil, sein früherer Lehrmeister in Auxonne, der ihm nun freie Hand ließ. Darüber hinaus erwirkte Buonaparte, mit Salicettis Unterstützung, daß Carteaux durch Dugommier ersetzt wurde, der seinen Plan billigte. Die Befestigungen wurden unter starken Beschuß genommen, der die englisch-spanische Flotte zum Rückzug zwang, so daß die Stadt erobert werden konnte (17.–19. Dezember 1793).

Am 22. Dezember wurde Buonaparte auf Vorschlag des Kommissars Augustin Robespierre zum Brigadegeneral befördert. Sein neuer Posten gab ihm Gelegenheit, den Wohlfahrtsausschuß von der in der Militärverwaltung und in den Material- und Personaldienststellen herrschenden enormen Verschwendung zu unterrichten. Am 24. März 1794 erhielt er auf Empfehlung des jüngeren Robespierre das Kommando über die Artillerie der Italien-Armee, die inzwischen an der Grenze operierte. Er entwarf einen Feldzugsplan – den er zwei Jahre später ausführen sollte –, vermochte Carnot jedoch nicht davon zu überzeugen, daß Österreich in Italien geschlagen werden müsse.

Am 9. Thermidor (27. Juli) wurde Robespierre gestürzt, und sein Bruder verlangte, sein Schicksal zu teilen. Alle Anhänger Robespierres fühlten sich nun bedroht. Um sich reinzuwaschen, unterschrieben Salicetti und zwei seiner Kollegen einen Haftbefehl gegen Napoleon wegen «freiheitsmörderischen» Konspirierens. Am 11. August wurde er in der Festung von Antibes gefangengesetzt. Da aber kein einziger Anklagepunkt gegen ihn aufrechterhalten werden konnte, wurde er am 20. August 1794 freigelassen und zehn Tage später wieder in seinen Rang, nicht aber in sein Kommando eingesetzt.

Am 29. März 1795 unterrichtete man ihn von seiner Ernennung zum General der Artillerie bei der West-Armee, die dem Aufstand der Royalisten in der Vendée ein Ende setzen sollte. Er verspürte nicht die geringste Lust, sich auf einen Posten fern der Italien-Armee zu begeben; vermutlich mochte er sich auch nicht von Désirée Clary trennen, der Tochter eines Marseiller Kaufmanns, mit der er sich gerade verlobt hatte.

Am 28. Mai kam es im Wohlfahrtsausschuß in Paris zu einer heftigen Auseinandersetzung zwischen ihm und Aubry, der für die Ernennungen und Versetzungen der Generäle zuständig und außerdem den «Terroristen» äußerst feindlich gesinnt war; dieser Auftritt trug ihm seine Versetzung zur Infanterie, also gewissermaßen eine Degradierung, ein. Daraufhin bombardierte er den Wohlfahrtsausschuß mit zahllosen Projekten, bis dieser ihn schließlich seinem Topographischen Büro zuteilte, wo es ihm gelang, Carnot auf sich aufmerksam zu machen, wo er vor allem aber seine Kenntnisse in der Kriegsführung beträchtlich zu erweitern vermochte.

Bei seiner Beschäftigung mit der reichhaltigen Sammlung von Plänen und Karten, die im Kriegsarchiv zusammengetragen war, entwickelte er den Hang, ausschließlich anhand konkreter Unterlagen zu arbeiten, und sobald er an die Macht kam, richtete er sein eigenes topographisches Studio ein, in dem eine Fülle von Plänen, Karten und statistischen Informationen aufbewahrt und laufend auf den neuesten Stand gebracht wurde. Am 30. August 1795 ersuchte er den Ausschuß um die Genehmigung, in die Türkei gehen zu dürfen, wo ausländische Offiziere gebraucht wurden, die die türkische Armee modernisieren sollten. Sein Gesuch wurde abgelehnt, und am 30. September wurde er wegen seiner Weigerung, den ihm zugewiesenen Posten bei der West-Armee anzutreten, aus der Liste der aktiven Generäle gestrichen.

Auf halben Sold gesetzt und in finanzieller Bedrängnis lebend, sah er nun auch seinen Plan einer Heirat mit Désirée Clary zerstört. Diese persönliche Enttäuschung verarbeitete er zu einem biographischen Kurzroman mit dem Titel *Clisson et Eugénie.* Zweifellos war es anläßlich seines Antichambrierens beim Wohlfahrtsausschuß, daß er Barras, der Kommissar bei der Italien-Armee gewesen war, wieder sah. Barras – Prototyp eines jener verkommenen Adligen, die in der Revolution eine so große Rolle gespielt hatten –, durch die Revolution unerhört reich geworden und aufgrund der Ereignisse des Thermidor zur Prominenz aufgerückt, hob Buonaparte wieder in den Sattel.

Die Thermidorianer, Königsmörder und reumütige Mitglieder der Schreckensherrschaft, waren entschlossen, die Macht nicht aus der Hand zu geben. Mit diesem Ziel vor

Augen machten sie sich an die Ausarbeitung der Verfassung des Jahres III, die ein direktoriales Regime vorsah, das, wie sie hofften, die Royalisten, die Gemäßigten, die nicht für den Tod des Königs gestimmt hatten, und das Jakobinertum für immer von der Macht fernhalten würde. Kurz bevor der Konvent auseinanderging, beschloß er, daß zwei Drittel der Mitglieder in den beiden Versammlungen, aus denen sich die zukünftige Legislative zusammensetzen sollte, aus den gegenwärtigen Mitgliedern des Konvents gewählt werden müßten, um einen möglichen Wahlsieg der Royalisten zu verhindern. Außer sich vor Zorn entschlossen sich diese, die «wohlhabenderen Viertel» von Paris gegen den Konvent aufzuwiegeln. Seit Thermidor und insbesondere seit dem 12. Germinal und dem 1. Prairial III (1. April bzw. 20. Mai 1795) konnte der Konvent nicht mehr mit der Unterstützung der Pariser Sansculotten rechnen. Um das Volk im Zaum zu halten, hatte er im Mai die Armee einschalten müssen – mittlerweile die einzige Möglichkeit, eine Opposition von rechts oder von links, von der Straße oder von den Urnen, zu ersticken. Um dem bevorstehenden royalistischen Aufstand zu begegnen, betraute der Konvent am 13. Vendémiaire einen Zivilisten, Barras, mit dem Oberbefehl über die Armee des Innern.

Barras, der sich hinsichtlich seiner militärischen Begabung keinen Illusionen hingab, ließ der Armee des Innern mehrere beschäftigungslose Generäle zuteilen, darunter auch Buonaparte, was diesen in die Lage versetzte, den Konvent am 13. Vendémiaire des Jahres III (5. Oktober 1795) zu retten. In Anbetracht der Topographie ist es sicher unzutreffend, daß Buonaparte, wie behauptet wurde, die Royalisten auf den Stufen der Kirche Saint Roch zusammenschießen ließ. Er vermochte sie vielmehr deshalb zu vernichten, weil er die Kanonen, deren sie sich zu bemächtigen suchten, von Murat aus dem Feldlager von Sablons fortschaffen ließ und weil er durch seine Befehle die militärische Stoßkraft so zu lenken wußte, daß seine Truppen die Tuilerien, den Louvre und das Palais Royal abriegeln konnten.

Am 26. Oktober wurde er an Barras' Stelle kommandierender General der Armee des Innern. Der «Général Vendémiaire» hatte sich ein einwandfreies Zeugnis als Republikaner ausgestellt, so daß diejenigen, die das Werk der Revolution vor der royalistischen Gefahr zu bewahren suchten, ihn nunmehr als einen der ihren betrachteten. Um zu zeigen, daß er sich inzwischen durch und durch als Franzose fühlte, nannte er sich von nun an Bonaparte und unterzeichnete mit diesem Namen.

In dieser Zeit heiratete er die sieben Jahre ältere Joséphine, Witwe des Marquis de Beauharnais, der für die Sache der Revolution eingetreten war und auf dem Schafott geendet hatte. Er hatte sie vor dem 13. Vendémiaire bei Barras kennengelernt und sich sofort heftig in sie verliebt. Der Sieg vom Vendémiaire hatte ihn zu einem angesehenen Mann in finanziell gesicherter Stellung gemacht, und er hatte keine Ruhe, bis sie einwilligte, ihrer beider Liaison durch eine Heirat zu legalisieren. Die Trauung fand am 9. März 1796 statt. Die Liebe Napoleons, eines leidenschaftlichen Werther-Lesers, ertrug lange Zeit geduldig die Gleichgültigkeit und die Untreue Joséphines; dreizehn Jahre später wird er die, die er aus Liebe geheiratet hat, aus Gründen der Staatsraison verstoßen.

Bonaparte in Italien (1796–1797)

In einem 20 Monate währenden Feldzug präsentierte sich Bonaparte einem staunenden Europa als militärisches Genie, befriedete den Kontinent und sammelte auf politischem, administrativem und diplomatischem Gebiet die Erfahrungen eines Staatsmannes. Carnot, der Bonapartes Feldzugsprojekte gelesen hatte, ließ den noch nicht 27jährigen am 2. März 1796 zum oberkommandierenden General der Italien-Armee ernennen. Die Regierung war der Ansicht, Österreich müsse in Deutschland besiegt werden, und zwar von den starken Armeen Jourdans und Moreaus, während die Italien-Armee den Gegner in Ablenkungsmanöver verwickeln, die feindlichen italienischen Fürsten in Schach halten und jede Gefahr von der Grenze der Alpen abwehren sollte.

Am 23. März 1796 in Nizza angekommen, machte Bonaparte sich daran, die ausgehungerte, undisziplinierte und plündernde Armee – bestehend aus 35 000 Infanteristen, 4000 Kavalleristen und einer unzulänglichen Artillerie – in den Griff zu bekommen. Es waren kampferprobte Truppen, die Mehrzahl der Infanteristen stand am Beginn ihres vierten Feldzugs. Die meisten Divisionsgenerale – darunter Augereau, Masséna, Sérurier und La Harpe – waren äußerst tüchtige Männer, aber oft auch pflichtvergessen und ausgesprochen beutegierig.

Bonaparte schlug blitzschnell zu. Innerhalb von zehn Tagen trieb er in den siegreichen Schlachten von Montenotte (12. April 1796), Millesimo (13. April), Dego (14. April) und Mondovi (21. April) einen Keil zwischen die Österreicher und die Piemontesen, so daß diese, infolge ihrer Isolation, den Waffenstillstand von Cherasco (28. April) schlossen, zumal König Viktor Amadeus III. befürchtete, andernfalls im Zuge einer von der französischen Armee unterstützten «jakobinischen» Revolution abgesetzt zu werden.

Durch seine Unterzeichnung des Waffenstillstands hatte Bonaparte zum einen das Gesetz verletzt, da ausschließlich Kommissare, in diesem Fall Garreau und Salicetti, zu unterzeichnen befugt waren, und zum anderen die Pläne des Direktoriums durchkreuzt, das das Land zu «republikanisieren» beabsichtigte. Die Regierung billigte indes seine Handlungsweise: Da sie die Anhänger Babeufs im Inland verfolgte, war ihr nicht daran gelegen, die «Jakobiner» des Piemont zu unterstützen; darüber hinaus trug die Aussicht auf ersprießliche Geldeinnahmen dazu bei, daß sie sich verständnisvoll zeigte. Der am 3. Juni 1796 unterzeichnete Friede von Paris entsprach ganz den Wünschen des Direktoriums: Die Annexion von Nizza und Savoyen wurde anerkannt, und Frankreich erhielt außerdem eine Entschädigung in Höhe von drei Millionen Francs. Bonaparte beschloß, unter Zuhilfenahme der Kriegskontributionen den halben Sold in bar auszahlen zu lassen; diese Entscheidung, die normalerweise von den politischen Machthabern hätte getroffen werden müssen, trug dazu bei, daß aus der Italien-Armee «seine» Armee wurde.

Am 5. Mai 1796 begann die Italien-Armee mit der Eroberung der Lombardei, die von 35 000 Österreichern unter General Beaulieu verteidigt wurde. Auf dem linken Ufer des Po, westlich des Flusses Ticino liegend, fiel sie einem Umgehungsmanöver Bonapartes in südlicher Richtung zum Opfer, das es ihm – unter Verletzung der Neutralität des Herzogtums Parma – ermöglichte, den Po bei Piacenza zu überqueren. Bonaparte überrumpelte den Feind am 10. Mai bei der Brücke von Lodi an der Adda und zog am 16. in Mailand ein, wo er von den «Patrioten», die drei Tage zuvor die Macht ergriffen hatten, als Befreier begrüßt wurde. Die Österreicher hatten der Umzingelung nur durch Verletzung der Neutralität der Republik Venedig zu entgehen vermocht; sie verschanzten sich in Mantua, dessen Belagerung Bonaparte am 18. Juli aufnahm. Am 19. Mai hatte Bonaparte mit dem Herzog von Parma einen Waffenstillstand geschlossen und ihm die Entrichtung einer Kriegsentschädigung von 20 Millionen Francs und die Auslieferung von 20 Gemälden von Meisterhand auferlegt. Wieder einmal hatte der General an Stelle der Armeekommissare eine Entscheidung getroffen.

Am 13. Mai 1796 hatte Bonaparte einen Brief von Carnot erhalten, in dem dieser ihm befahl, auf eine Invasion Tirols von Süden her zu verzichten und sich statt dessen nach Mittelitalien in Marsch zu setzen, um dort Kontributionen zu erheben und den Papst abzusetzen. Bonaparte fügte sich, nicht ohne zuvor die Mailänder noch einmal mit 20 Millionen Francs belegt und mit dem Herzog von Modena eigenmächtig einen Waffenstillstand geschlossen zu haben, der diesen zur Zahlung von siebeneinhalb Millionen Francs und zur Auslieferung von 20 Gemälden an Frankreich verpflichtete.

Im Hinblick auf den Empfang, der ihm in Mailand zuteil geworden war, hatte Bonaparte die Absicht gehabt, eine unabhängige Republik im Norden Italiens zu errichten; aber die in der Lombardei im Rücken der Armee ausbrechenden Unruhen, hervorgerufen durch die von Salicetti erhobenen erdrückenden Kontributionen, ließen ihn die Leidenschaftlichkeit des italienischen Nationalgefühls erkennen. Von da an tat er alles, um dieses unter Kontrolle zu halten, und verzichtete darauf, unabhängige italienische Staaten zu schaffen

– er duldete nur noch die Errichtung von Satellitenstaaten Frankreichs.

Auf dem Marsch in Richtung Mittelitalien besetzte seine Armee am 20. Juni 1796 das zum Kirchenstaat gehörende Bologna. Hier ging Bonaparte äußerst behutsam vor, da er sich über die Religiosität der Bevölkerung durchaus im klaren war. In der Absicht, nach Norden zurückzukehren, wo die Österreicher Verstärkung erhielten, diktierte er, wiederum auf eigene Faust, dem Papst einen Waffenstillstand (22. Juni) mit der Verpflichtung, 15,5 Millionen in Gold und Silber zu entrichten und der Armee Vorräte im Wert von 4,5 Millionen Francs zu liefern.

Auf Befehl des Direktoriums verletzte er am 27. Juli die Neutralität des Großherzogtums Toskana, um sich Livornos zu bemächtigen und alle englischen Waren zu zerstören, die er dort vorfand. Unterdessen schickten sich im Norden die Österreicher unter General Wurmser an, zum Angriff überzugehen, und zogen in drei Verbänden durch Tirol, um Mantua zu entsetzen. Bonaparte hob die Belagerung vorübergehend auf und vermochte, ungeachtet der starken zahlenmäßigen Unterlegenheit seiner Streitkräfte, unter Befolgung der Maxime Guiberts (sich durch rasches Manövrieren die Überlegenheit an einer bestimmten Stelle zu verschaffen) die drei Verbände nacheinander bei Lonato (31. Juli), Castiglione (5. August) und Bassano (8. September) zu schlagen und Wurmser zu zwingen, sich in Mantua einzuschließen.

In Deutschland hatten die Armeen Jourdans und Moreaus schwere Niederlagen erlitten; infolgedessen setzte das Direktorium seine ganze Hoffnung in die Italien-Armee, was Bonaparte zunehmend in seiner Überzeugung bestärkte, unentbehrlich zu sein. Daß die Regierung zögerte, ihm die Verstärkungen zu schicken, die er verlangte, provozierte ihn nur noch mehr, ganz nach seinem Gutdünken zu verfahren. Das war ihm jedoch nicht immer möglich. Das Direktorium interessierte sich zwar nicht für das Schicksal des Herzogtums Modena und ließ daher den Dingen ihren Lauf, als die Abgeordneten von Modena, Reggio, Ferrara und Bologna, von Bonaparte ermutigt, am 16. Oktober 1796 in der letztgenannten Stadt die Cispadanische Republik ausriefen – den ersten in der Reihe der Staaten, die Bonaparte bis 1810 gründen sollte. Die neue Republik war als ein Schlag ins Gesicht sowohl der Rechten, der Anhänger des Ancien Régime, als auch der Linken, der «anarchistischen» Feinde des Eigentums, gedacht – eine Politik, deren sich Bonaparte nach dem 18. Brumaire noch mehrmals bedienen sollte. Aber die Regierung hinderte ihn sehr wohl daran, die Republik Genua zu besetzen und zu «revolutionieren«; er mußte sich damit begnügen, sie einen Vertrag unterzeichnen zu lassen, durch welchen sie sich verpflichtete, eine Kriegsentschädigung in Höhe von vier Millionen Francs zu zahlen und ihre Häfen für die Engländer zu sperren.

Im November 1796 rückten 50000 Österreicher unter General Nicolas von Alvinczy durch Friaul und Tirol heran, um Mantua zu entsetzen. Auf drei Seiten angegriffen, vermochten die Franzosen in drei Tagen erbitterter Kämpfe in den Sümpfen von Arcole den Zusammenschluß der beiden österreichischen Armeen zu verhindern.

In der danach einsetzenden Kampfpause erklärte sich das Direktorium bereit, Bonaparte die von ihm verlangten 40000 Mann Verstärkung zu schicken. Unterdessen traten in Frankreich Ereignisse ein, die eine ebenso ungeahnte wie entscheidende Auswirkung auf Bonapartes weitere Laufbahn haben sollten. Die in Lille begonnenen und in Paris fortgesetzten Verhandlungen mit den Engländern scheiterten, da diese sich weigerten, Frieden zu schließen, solange Frankreich Belgien nicht räumte. Von diesem Augenblick an stand fest, daß die Auseinandersetzung fortdauern würde, bis einer der beiden Gegner vernichtet wäre: Das war das gravierendste Problem, das die Revolution Bonaparte hinterließ. Auf einer anderen Ebene verbot das Direktorium durch das Gesetz vom 10. Brumaire V (31. Oktober 1796) die Einfuhr aller im Ausland hergestellten Produkte, ganz gleich welcher Herkunft, in französisches Gebiet. Auf diese Weise sollte auf dem Kontinent die wirtschaftliche Hegemonie Englands durch die Frankreichs abgelöst werden. Das war in der Folge eine der Komponenten des napoleonischen Kontinentalsystems und eine der Ursachen für das Scheitern der Kontinentalsperre.

Im Januar 1797 nahmen die Österreicher einen vierten Anlauf, Mantua zu entsetzen. Alvinczy griff mit 50000 Mann von drei Seiten das auf der Hochebene von Rivoli zusammengezogene Gros der Streitkräfte Bonapartes an. Dieses wich unter dem ersten Anprall zurück, fing sich aber wieder bei der Ankunft Massénas mit seiner Armee (14. Januar 1797). Am 2. Februar kapitulierte Mantua, und damit war der Weg durch Tirol frei.

Das Direktorium befahl Bonaparte, dem Papsttum ein Ende zu setzen und «die Fackel des Fanatismus zu löschen». Er gehorchte, ließ aber den Kardinal-Staatssekretär wissen, daß er den Papst und die katholische Religion respektiere. Am 17. Februar 1797 schloß Pius VI. den Frieden von Tolentino, trat die Grafschaft Venaissin mit der Hauptstadt Avignon ab, verzichtete auf die Legationen (die von Kardinal-Legaten verwalteten Provinzen), zahlte noch einmal 15 Millionen und überließ Frankreich eine große Menge Manuskripte, Bücher und Kunstwerke.

Das Direktorium hatte den Plan der von den beiden Rhein-Armeen unter dem Befehl General Hoches vorzunehmenden Invasion Süddeutschlands wieder aufgenommen. Der nunmehr um 40000 Mann verstärkten Italien-Armee setzte Österreich seinen tüchtigsten General, Erzherzog Karl, entgegen. Bonaparte, dessen Armee diesmal zahlenmäßig überlegen war, überrannte das Gros der feindlichen Streitkräfte am Tagliamento (16. März) und überschritt die östlichen Alpenpässe in einer raschen Offensive, die ihn am 21. März nach Görz und am 28. März nach Klagenfurt führte.

Im Rücken seiner Armee gab es jedoch schwerwiegende Ereignisse, die Bonaparte sehr zustatten kamen. Da die Republik Venedig alle Bündnisangebote der Franzosen zurückgewiesen hatte, gingen diese dazu über, das Land heimlich zu revolutionieren. Patrioten in Bergamo, Brescia und anderen Orten erhoben sich und forderten die Angliederung ihrer Städte an die Cisalpinische Republik (11.–18. März 1797). Diese republikanische Propaganda, die Härten der Besatzung und die Disziplinlosigkeit der französischen Truppen forderten die Feindseligkeit der Bevölkerung heraus, und am 17. April, einem Ostermontag, metzelten die Einwohner von Verona 400 Franzosen nieder.

Unterdessen setzte die Sambre-und-Maas-Armee über den Rhein, und am 18. April 1797 siegte Hoche bei Neuwied. Am selben Tag unterzeichneten Bonaparte und die österreichischen Unterhändler in Leoben einen Waffenstillstand und gleichzeitig den Vorfrieden.

Bonaparte hatte sich mit der Unterzeichnung beeilt, weil er das Verdienst eines Friedensschlusses nicht mit einem General teilen wollte, der in Deutschland gesiegt hatte, und weil er wußte, daß aus den Wahlen im April 1797 die Royalisten bzw. die Kryptoroyalisten als Sieger hervorgegangen waren, die Verfechter des Friedens und der «engen Grenzen», d. h. des Frankreich von 1789, lediglich erweitert um Nizza, Savoyen und Belgien. Das Direktorium wollte in Italien ein Tauschobjekt haben, um dieses gegen das linke Rheinufer und Belgien einhandeln zu können. In Leoben erhielt Österreich von Bonaparte Dalmatien, Istrien, Venedig und einen Teil seines Gebiets, und Frankreich bekam Belgien und die Lombardei.

Diese Verfahrensweise entsprach der traditionellen Diplomatie des Ancien Régime – man erinnere sich etwa an die Teilungen Polens –, die vom Nationalkonvent und vom Direktorium übernommen worden war; sie hatten 1795 mit Preußen und 1796 mit Baden und Württemberg Verträge geschlossen, denen zufolge die kirchlichen Staaten auf dem rechten Rheinufer verschwinden sollten, damit die weltlichen Staaten, die Besitzungen auf dem linken Rheinufer hatten, nach deren Angliederung an Frankreich für ihren Verlust entschädigt werden könnten.

Somit blieb noch übrig, das Schicksal der Republik Venedig zu regeln. Als Vergeltung für die «Veroneser Ostern» erklärte Frankreich am 2. Mai 1797 Venedig den Krieg. Die Stadt fiel am 15. Mai, und am 16. zwang Bonaparte ihr den Frieden auf: Sie mußte drei Millionen in bar entrichten, für den gleichen Wert Vorräte für die Marine liefern und fünf Kriegsschiffe, 20 Bilder und 500 Manuskripte abtreten.

Als die Friedensverhandlungen mit Österreich am 29. Mai in Udine begannen, war Bonaparte mit der Organisation seiner Eroberungen beschäftigt. In der Lombardei schuf er nach dem Muster der Französischen Republik einen Staat, die Transpadanische Republik, die zunächst die lombardischen Territorien jenseits des Po umfaßte; in der Mitte der Halbinsel entstand am 9. Juli 1797 die Cisalpinische Republik, gebildet aus der Transpadanischen und der Cispadanischen (Modena und die päpstlichen Legationen) sowie den venezianischen Provinzen Bergamo und Brescia. Der Cisalpinischen Republik wurde auch das Veltlin einverleibt, dessen Bewohner Bonaparte hatten wissen lassen, daß sie sich der Bevormundung durch Graubünden zu entziehen wünschten. Bonaparte teilte dem Direktorium mit, daß der neue Staat eine Konstitution nach dem Muster der Verfassung des Jahres III erhalten und mit Frankreich durch eine über den Simplon führende Straße verbunden sein würde.

In Genua beförderte er insgeheim den Sturz des oligarchischen Regimes und die Ausrufung einer ligurischen Republik, deren Unabhängigkeit er zu respektieren vorgab, während er sie bis zum äußersten ausnutzte. Was die systematische Ausbeutung Italiens anbelangte, so war dies vermutlich der einzige Punkt, über den er mit dem Direktorium stets einer Meinung war.

Im übrigen beunruhigte seine Politik die Regierung und die royalistische Mehrheit in den Ratsgremien (Rat der Fünfhundert und Rat der Alten) zutiefst. Um sich die Sympathien aller Gegner einer Restauration des Ancien Régime zu erwerben, schlug er vor, seine Truppen gegen die «Clichyens», die Gemäßigten und die Anhänger einer konstitutionellen Monarchie, marschieren zu lassen, und lieferte dem Direktorium Beweise für den Verrat des Präsidenten des Rats der Fünfhundert, Pichegru, und dessen Ergebenheit gegenüber den Royalisten. Die «republikanischen» Direktoren beschlossen, sich ihrer beiden gemäßigten Kollegen zu entledigen und die ordnungsgemäß gewählten royalistischen Abgeordneten aus den Ratsgremien zu verjagen. Das bedeutete den Staatsstreich. Um ihn auszuführen, bedurfte es eines republikanischen Generals, und außer Hoche, der sich durch seine Ungeschicklichkeiten selbst ausmanövriert hatte, verfügte nur noch Bonaparte über das nötige Prestige. Aus Italien entsandte er Augereau und dessen Division nach Paris, und durch den Staatsstreich vom 18. Fructidor V (4. September 1797) wurden die Royalisten eliminiert. Die expansionistische Partei siegte in Paris, und Bonaparte durfte somit sicher sein, daß er nicht mehr im Stich gelassen werden würde.

Die Unterzeichnung des Friedensvertrags mit Österreich fand am 18. Oktober 1797 in Campo Formio statt – in Wirklichkeit in Passariano, wo Bonaparte und Joséphine Hof hielten. Das Direktorium erhielt Genugtuung, da Österreich Belgien an Frankreich abtrat und diesem in einer Geheimklausel nahezu das ganz linke Rheinufer zuerkannte. Bonaparte seinerseits hatte gewonnenes Spiel, da ihm Österreich im Austausch gegen die venezianischen Territorien, mit Ausnahme der ionischen Inseln, die lombardischen Provinzen überließ.

Die öffentliche Meinung in Frankreich reagierte vorwiegend positiv, ebenso die Anhänger der französischen Prinzipien sowohl in den besetzten und eroberten Territorien als auch außerhalb Frankreichs, vor allem im Deutschland östlich des Rheins. Bonaparte wurde natürlich als siegreicher Feldherr gefeiert, aber mehr noch als derjenige, der einem seit über fünf Jahren vom Krieg geplagten Kontinent den Frieden gebracht hatte. Ein Beweis, daß man überall den Frieden ersehnte.

Bonaparte erfaßte sofort die Inbrunst dieses Gefühls, das ihm auf seinem ganzen Weg entgegenschlagen sollte; aber die Tatsache, daß man sich in Frankreich fast bis zuletzt nur einen siegreichen Frieden vorzustellen vermochte und daß die kontinentalen Mächte und England diese Vorstellung nicht teilten, sollte Europa noch einen 18 Jahre währenden, nahezu ununterbrochenen Krieg eintragen. Einstweilen war es allerdings Bonaparte, nicht das Direktorium, dem die Dankbarkeit der Nation für die Wiederherstellung des Friedens galt.

Der Italien-Krieg war für den Werdegang Bonapartes und für seine charakterliche Entwicklung von entscheidender Bedeutung. Zum ersten Mal hielt er alle Machtbefugnisse in seiner Hand vereint – die militärischen, die politischen, die

Napoleon an der Brücke von Arcole.
Gemälde von Antoine-Jean Gros.

diplomatischen und selbst die finanziellen. Dieser Krieg machte ihn zu einer tonangebenden Persönlichkeit im Rahmen der französischen Politik und veränderte ihn auch als Mensch.

Er wollte beiden von ihm in Italien gegründeten Republiken eine eng an der Verfassung des Jahres III orientierte Konstitution geben; aber er erkannte sehr rasch, daß es äußerst schwierig sein würde, diese Verfassung so, wie sie war, für die Cisalpinische Republik zu übernehmen, zumal der Staatsstreich vom Fructidor gezeigt hatte, daß sie auch für Frankreich nicht das richtige war. Er ergriff die Gelegenheit, um in einem Brief an den Außenminister Talleyrand seine Ansichten über die Regierungsform der Cisalpinischen Republik und über die Frankreichs darzulegen: Es dürfe nicht zugelassen werden, daß die Legislative sich Kompetenzen der Exekutive anmaße, und in Anbetracht dessen sei eine Verfassung in Kraft zu setzen, die nicht der Rettung «durch die Bajonette» bedürfe, wie dies im Fructidor der Fall gewesen sei.

In den Einrichtungen, die er in Italien schuf und deren Mitglieder nicht gewählt, sondern von ihm ernannt wurden, bevorzugte er die Gemäßigten der Aristokratie und der Bourgeoisie und benachteiligte die «Anarchisten» und die von den Priestern bevormundeten «Ultras». Er war überrascht über die anti-französischen Reaktionen, nicht nur seitens des von den Pfaffen aufgehetzten Pöbels, sondern auch seitens der Leute, die den Prinzipien der Revolution aufrichtig ergeben waren. Er erkannte nicht, daß er mit den ersten Äußerungen eines ausländerfeindlichen italienischen Patriotismus konfrontiert wurde, und begriff nicht, daß man sich gegen die Ausschreitungen der französischen Besatzung auflehnen und dennoch ein echter «Jakobiner» sein konnte. Kurz, er beging den Fehler – der ihm später auch in Spanien, in Deutschland und in Rußland unterlaufen sollte –, die Intensität des Nationalempfindens der besetzten Völker zu verkennen.

Bonaparte hatte hinreichend Gelegenheit gehabt, sich mit der Diplomatie vertraut zu machen und, als er die Friedensverträge von Tolentino und von Campo Formio diktierte, ein echtes Talent auf diesem Gebiet entwickelt. Das Direktorium hatte Belgien und den Rhein gewollt; sein erster Wunsch war erfüllt, die Erfüllung des zweiten in Aussicht gestellt worden, und darüber hinaus hatte ihm Bonaparte Norditalien eingebracht. Er hat nicht, wie man ihm später vorwarf, den Rhein um Italiens willen geopfert, denn daß der Rhein französisch wurde, ist sein Verdienst. Der Beifall, der den Friedensbringer grüßte, ließ die Realitäten ein wenig in Vergessenheit geraten, insbesondere die ernsten Gefahren der von Bonaparte und dem Direktorium initiierten und vom Volk begeistert aufgenommenen Politik.

Zunächst hatte sich England, der Hauptgegner Frankreichs, keineswegs entschlossen, die Annexion Belgiens anzuerkennen – eine Haltung, die Österreich dazu ermutigte, bei der ersten Gelegenheit wieder zu den Waffen zu greifen, um zu versuchen, das Gebiet von Mailand zurückzugewinnen. Sodann hatte Österreich in Campo Formio Angelegenheiten, die das Heilige Römische Reich betrafen, ausklammern wollen; daher war beschlossen worden, einen Kongreß in Rastatt abzuhalten, um die Frage der Entschädigungen zu regeln, die den aufgrund der Angliederung ihrer Territorien an Frankreich enteigneten, linksrheinischen weltlichen Fürsten des Reiches zuerkannt werden sollten. Infolgedessen konnte die Aussicht auf schwierige Verhandlungen den Vorwand für neue Komplikationen an anderer Stelle liefern. Und schließlich hatte Bonaparte, indem er Frankreichs Macht mit Hilfe von Satellitenrepubliken in Italien etablierte, die Politik der natürlichen Grenzen beiseite gefegt und das Land in ein italienisches, um nicht zu sagen mediterranes und orientalisches Abenteuer verwickelt, das den Frieden zwangsläufig erneut in Frage stellen mußte.

Bonaparte war auf dem Gebiet der Politik unentbehrlich geworden. Durch seine «Diebereien» in Italien hatte er es dem Direktorium ermöglicht, die finanzielle Krise zu überstehen, und er hatte den Erfolg vom Fructidor sichergestellt. Im Vendémiaire hatte er noch den Willen der Thermidorianer vollstreckt; nun war er ihnen gleichgestellt und ein ebenbürtiges Mitglied ihrer Interessengemeinschaft.

Seit Lodi war sein Blick auf Paris gerichtet. Er wußte, daß das Direktorium unbeliebt war, und spürte, daß man bloß nach der Macht zu greifen brauchte, vorausgesetzt, man nahm Rücksicht auf alle Nutznießer der Revolution. Daher bemühte er sich, mit seltener Meisterschaft, um die Gunst der öffentlichen Meinung und suchte sich zunächst seine Armee und dann das Land – sowohl in seiner rechtmäßigen als auch in seiner tatsächlichen Ausdehnung – gewogen zu machen, um beide von der Tragweite seiner Siege und von der Vielseitigkeit seiner schöpferischen Gestaltungskraft zu überzeugen. Mit dem von den Italienern erpeßten Geld gründete er die eher jakobinische Zeitung *Le courrier de l'armée d'Italie ou Le Patriote français à Milan*, die unentgeltlich an seine Soldaten verteilt wurde und in Frankreich weite Verbreitung fand, sowie das gemäßigtere Blatt *La France vue par l'armée d'Italie.* Diese Zeitungen hoben geschickt die Natürlichkeit des Generals hervor, seine Ablehnung jeder Diktatur, seine Verachtung des Luxus, seine schlichte Lebensweise – sämtlich Eigenschaften, die in krassem Gegensatz zu dem vom Direktorialregime gebotenen Schauspiel standen. Die Propaganda durch die Schrift wurde durch die in Bildern ergänzt: Bereits 1796 stellte Jean Antoine Gros auf einem Gemälde Bonaparte in Arcole dar.

Entsprach der Mann dem Bild, das er von sich vermitteln wollte? Der mittellose Offizier mit den spartanischen Lebensgewohnheiten hatte in Italien durch Anwendung zweifelhafter Methoden ein ganz hübsches Vermögen angehäuft. Allein die Konfiszierung der Quecksilbergruben von Idria hatte ihm eine Million Francs (in heutigem Geld etwa 7,4 Millionen DM) eingebracht. Er hatte an Luxus und Prachtentfaltung Geschmack gefunden und auf Schloß Monbello eine prunkvolle Hofhaltung kreiert. Man konnte sich schwer vorstellen, daß er wieder Tritt fassen würde. «Ich kann nicht mehr gehorchen», äußerte er bei seiner Rückkehr nach Paris.

Der Ägypten-Feldzug (1798–1799)

Am 26. und 27. Oktober 1797 erteilte das Direktorium Bonaparte den Auftrag, die beiden verbleibenden großen außenpolitischen Probleme zu lösen: den Krieg gegen Großbritannien zu führen – Bonaparte wurde zum oberkommandierenden General der England-Armee ernannt – und die endgültige Regelung der Rheinfrage vorzunehmen; in dieser Angelegenheit wurde er als Bevollmächtigter nach Rastatt entsandt. Am 26. November dort angekommen, unterzeichnete er am 1. Dezember mit den österreichischen Delegierten ein Geheimabkommen über die Modalitäten des Abzugs der Reichstruppen aus Mainz und der französischen Truppen aus dem Gebiet von Venedig. Am 5. Dezember war er wieder in Paris und begann mit den Vorbereitungen für den Krieg, den er gegen England führen sollte.

Es ging um den Transport der Invasionsarmee und darum, die erforderlichen Seestreitkräfte zusammenzuziehen, damit diese die Überfahrt erzwingen konnten. Auf einer Inspektionsreise, die Bonaparte vom 8. bis 20. Februar 1798 an die Küsten des Ärmelkanals unternahm, überzeugte er sich davon, daß sich die Kriegsmarine in einem erbärmlichen Zustand befand; da er seinen Ruf als General nicht für ein Unternehmen aufs Spiel setzen mochte, dessen Erfolg fraglich war, legte er dem Direktorium einen Bericht vor, in dem er sich gegen eine Invasion der Insel aussprach und vorschlug, England im Hannoverschen oder in Ägypten zu bekämpfen. Hannover konnte man nicht angreifen, ohne eine Wiederaufnahme der Feindseligkeiten in Deutschland befürchten zu müssen, während der Kongreß von Rastatt noch in vollem Gange war; Ägypten hingegen war türkischer Besitz, und die Türkei war zu dieser Zeit weder Englands Verbündeter, noch befand sie sich im Krieg mit Frankreich.

Die Idee, diese Expedition zu unternehmen, lag in der Luft. Im Jahre 1796 hatte der französische Handelskonsul in Kairo geraten, das Land zu besetzen. Am 3. Juli 1797 hatte Talleyrand vor dem Institut de France ein Memorandum verlesen, in dem er empfahl, daß man sich in Ägypten um einen Ersatz für den Verlust der Antillen bemühe. Bonaparte machte sich den Plan, nach Ägypten zu gehen und sich so in die Lage zu versetzen, Indien zu bedrohen und Tipu Sahib in seinem Kampf gegen die Engländer Beistand zu leisten, rasch zu eigen, und so nahm die Idee in Regierungskreisen nach und nach Gestalt an. Am 5. März 1798 gab das Direktorium Bonaparte den Befehl, die Eroberung Ägyptens zu unternehmen. Wollte die Regierung, wie Bonaparte ihr bei seiner Rückkehr vorwarf, einen allzu ehrgeizigen General «vertreiben»? Das ist kaum anzunehmen: Welches Regime würde 40 000 Soldaten und seine letzte Flotte aufs Spiel setzen, um sich eines lästig gewordenen Generals zu entledigen? Immerhin waren beide Seiten sich einig, den Versuch unternehmen zu wollen, England auf die Knie zu zwingen; daher bekam das Expeditionskorps den Namen «linker Flügel der England-Armee».

Eine Flotte von 65 Kriegsschiffen und 280 Truppentransportern wurde in Toulon, Civitavecchia, Genua und auf Korsika zusammengezogen; sie beförderte 38 000 Mann, 1200 Pferde und 171 Kanonen. Die Armee wurde von einer Kommission von an die 200 Wissenschaftlern und Künstlern begleitet. Zum erstenmal machte sich eine Unzulänglichkeit des Feldherrngenies bemerkbar: die Gleichgültigkeit gegenüber dem klimatischen Faktor. Bei der Landung in Ägypten mitten im Juli waren seine Truppen wie für einen europäischen Winterfeldzug gekleidet.

Die Expedition stach am 19. Mai 1798 in See mit Kurs auf Malta, das am 6. Juni besetzt wurde. Am 1. Juli erreichten die Franzosen Alexandria; die türkische Garnison, ohne Kriegserklärung angegriffen, wurde vernichtet und durch 3000 Franzosen unter General Kléber ersetzt. Mit dem Rest der Armee setzte sich Bonaparte in Marsch auf Kairo, während eine Flotille den Nil aufwärts segelte. Am 21. Juli wurde die Armee am Fuße der Pyramiden von der Kavallerie der Mamelucken angegriffen, deren Attacken an der zu Vierecken formierten Infanterie Bonapartes scheiterten; allerdings konnten die fliehenden Mamelucken mangels berittener Truppen nicht verfolgt und vernichtet werden. Bonaparte zog am 23. Juli in Kairo ein. Am 1. August zerstörte

Nelson das Geschwader von Admiral Brueys auf der Reede von Abukir.

Das Direktorium gab Bonaparte den Befehl, sich mit 15 000 Mann in Suez einzuschiffen, um den Aufstand Tipu Sahibs in Indien zu unterstützen. Zuvor mußte er indes seine Herrschaft über Ägypten festigen, was ihn sechs Monate in Anspruch nahm. Als er im Dezember 1798 Suez erreichte, fand er nicht genügend Schiffe vor, und im übrigen war Tipu Sahib inzwischen geschlagen worden; im Jahr darauf fiel er.

Militärisch gesehen war die Ägypten-Expedition ein völliger Fehlschlag: Die französische Armee war in ihrer Eroberung blockiert, England war Herr des Mittelmeers, und seine Macht in Indien war gestärkt. Die Expedition hatte auch in Europa unerfreuliche Folgen. Im September 1798 erklärte die Türkei Frankreich den Krieg und ermächtigte kurz darauf den Zaren Paul I., eine Kriegsflotte ins Mittelmeer zu schicken. Im Dezember 1798 kam die zweite Koalition zwischen England, Neapel und Rußland zustande, in deren Rahmen Rußland sich verpflichtete, in Italien zu intervenieren. Da Österreich den russischen Armeen freien Durchzug gewährte, erklärte ihm das Direktorium am 12. März 1799 den Krieg.

Ebenso wie er es in Italien getan hatte, suchte Bonaparte in Ägypten wenigstens die Notabeln für seine Sache zu gewinnen; aus diesem Grunde sah er sich veranlaßt, zu organisieren, zu verwalten und Gesetze zu machen. Da er aber nicht darauf verzichtete, das Land auszubeuten, schlug diese Politik der Aussöhnung fehl.

Am 2. Juli 1798 hatte er sich der Bevölkerung als ihr Befreier vorgestellt und seine Absicht verkündet, den Koran zu respektieren – so sehr war ihm daran gelegen, Schwierigkeiten religiöser Art zu vermeiden. Drei Tage später erließ er einer regelrechten Aufruf zum Aufstand gegen die Mamelucken. Zu seiner großen Überraschung rührte sich das Land nicht. Gleich am nächsten Morgen begann er, den Kaufleuten von Alexandrien hohe Abgaben in Gold und Silber aufzuerlegen. Nachdem er sich über die Unmöglichkeit klar geworden war, das Land unmittelbar zu verwalten, richtete er in jeder Stadt einen «Diwan» von Notabeln ein, die die Aufgabe hatten, unter der Aufsicht von französischen Kommissaren für Verwaltung, Verpflegung und Polizei zu sorgen. Das landesübliche Justiz- und Steuersystem wurde beibehalten.

Um die Arbeiten der Wissenschaftler zu erleichtern, die ihn begleitet hatten, beschloß Bonaparte am 22. August 1798, eine Art Niederlassung des Pariser Institut de France zu schaffen: Das Institut d'Egypte – so der Name dieser Einrichtung – betraute er mit «der Beförderung und der Verbreitung der Aufklärung in Ägypten» sowie mit der Erforschung der Ressourcen und der Geschichte des Landes. Zwar gelang es dem Institut nicht, seinem ersten Auftrag nachzukommen, aber das Material, das hier im Zuge der Erfüllung des zweiten Auftrags produziert und zusammengetragen wurde, bildete den Grundstock der künftigen Ägyptologie. Den Absichten des Direktoriums entsprechend ließ Bonaparte auch die Voraussetzungen zur Verbesserung der Schiffahrt auf dem Nil, zur Wiederherstellung der früheren Verbindung zwischen dem Fluß und dem Roten Meer und zum Bau eines Straßennetzes untersuchen. Ebenso ließ er Untersuchungen über die Möglichkeiten der Aufbereitung des Nilwassers und der Ansiedelung tropischer Nutzpflanzen anstellen. Mit dem offenkundigen Ziel, die Soldaten vor Epidemien zu schützen, wurden Schritte zur Hebung des Gesundheitszustands der Bevölkerung unternommen; diese Maßnahmen, die auf kurze Sicht keine nennenswerten Resultate zeitigten, beeindruckten nichtsdestoweniger die einheimischen «Ärzte» und waren ausschlaggebend für den künftigen wirtschaftlichen Aufstieg des Landes.

Das Joch der Besatzung wurde von den Einheimischen als unerträglich empfunden, und die Situation verschärfte sich, als der Sultan zum heiligen Krieg gegen die Franzosen aufrief. Von September 1798 an brachen wiederholt Aufstände aus, die blutige Vergeltungsmaßnahmen nach sich zogen.

England hatte den Plan gefaßt, Ägypten von zwei türkischen Armeen angreifen zu lassen; die eine sollte westlich des Nildeltas an Land gesetzt werden, die andere durch Syrien heranrücken. Daher zog Bonaparte nach Syrien. Die Expedition verließ Kairo im Februar 1799. Da Ägypten nicht von Truppen entblößt werden konnte, bestand die Armee nur aus 15000 Mann – eine Zahl, die sich auf dem Marseh durch die Wüste und infolge der Pest weiter verringerte – und hatte überdies keine Belagerungsartillerie. Am 21. Februar nahmen die Franzosen El-Arisch ein. Gaza ergab sich kampflos. Jaffa, von den Mamelucken energisch verteidigt, wurde am 7. März erobert; dabei wurden 2000 türkische Soldaten und zahlreiche Zivilisten niedergemetzelt. Es gelang Bonaparte nicht, das von seinem ehemaligen Mitschüler aus Brienne, dem französischen Emigranten Phélippeaux verteidigte Akkon einzunehmen (15. Mai 1799). Daraufhin zog er sich nach Ägypten zurück. Er kam gerade rechtzeitig an, um eine in Abukir gelandete türkische Armee zu vernichten. Auf diese Weise konnte er mit einem Sieg nach Frankreich zurückkehren, obschon seine Armee in Ägypten blockiert blieb.

Am 22. August 1799 übergab er das Kommando über die Armee General Kléber und teilte seinen Soldaten in einem Tagesbefehl mit, daß er nach Frankreich zurückkehre, daß seine Abwesenheit jedoch nur von kurzer Dauer sein würde. Kann man ihn anklagen, seinen Posten im Angesicht des Feindes verlassen zu haben? Nein, wenn man weiß, daß das Direktorium am 26. Mai der Expedition befohlen hatte, zurückzukehren; ja, wenn man bedenkt, daß er zurückkehrte, ehe er die Order erhalten hatte, ja, ehe er überhaupt wußte, daß sie an ihn ergangen war.

Zweites Kapitel

Vom General zum Kaiser

Brumaire: Ein bürgerlicher Staatsstreich, ausgeführt von einem Soldaten

Der Staatsstreich, der Bonaparte letztlich an die Macht bringen sollte, wurde nicht etwa von einem populären General zu seinem ureigenen Vorteil ausgeführt. Er wurde von Vertretern jener Bourgeoisie vorbereitet, die der Tatsache, daß ihre aus der Revolution resultierenden Errungenschaften ständig wieder in Frage gestellt wurden, ein Ende zu setzen wünschte, und die unter der Ohnmacht und der Instabilität des Regimes litt. Der Coup wurde verwirklicht von Leuten, die nicht danach trachteten, die Macht an sich zu reißen, sondern danach, die Macht zu behalten, denn sie waren bereits wesentliche Bestandteile des direktorialen Systems. Der Staatsstreich erfolgte mit der Beteiligung von zwei der fünf Direktoren, mit dem Einverständnis des Rates der Alten und in dem Wunsch, Gewaltakte zu vermeiden. In der Vorstellung dieser Leute sollte Bonaparte lediglich ein ausführendes Instrument sein.

Man hatte sich für den Staatsstreich entschieden, weil es juristisch nicht möglich war, die Verfassung des Jahres III vor 1805 auf legalem Wege zu ändern. Die Verfassung stand im Mittelpunkt der Diskussion, denn da sie eine allzu scharfe Trennung der Exekutive von der Legislative enthielt, ohne daß für den Konfliktfall ein schiedsrichterliches Verfahren vorgesehen gewesen wäre, vermochte sie das Gleichgewicht der Gewalten nicht sicherzustellen. Jedes Jahr fanden Neuwahlen für ein Mitglied des Direktoriums und für ein Drittel der Mitglieder jeder Kammer statt, wodurch das Land permanent in Aufregung gehalten wurde. Von Anfang an war das Direktorium Ziel der ehemaligen Montagnards und der Royalisten gewesen, die seit Nachlassen der Schreckensherrschaft ihren Kopf wieder hochgetragen hatten. Um sich an der Macht zu halten, hatten die Thermidorianer (die meisten von ihnen Königsmörder) wiederholt zum Mittel des Staatsstreichs gegriffen – am 18. Fructidor V (4. September 1797) gegen die Royalisten, am 22. Floréal VI (11. Mai 1798) gegen die Jakobiner, also gegen die jeweils aus den Wahlen siegreich hervorgegangene Partei –, und jedesmal hatte die Exekutive die Legislative «gesäubert». Am 30. Prairial VII (18. Juni 1799) kam eine Koalition der Opponenten zustande, die es den Kammern ermöglichte, sich zu rächen: Drei Direktoren mußten zurücktreten.

Das Regime geriet wegen der Anarchie, die es hervorgerufen hatte, wegen seiner schwankenden Politik und wegen der finanziellen und wirtschaftlichen Schwierigkeiten zunehmend in Verruf. Die Armeen waren schlecht ausgerüstet, die Straßen in miserablem Zustand, das Räuberunwesen grassierte allenthalben. Die unter den hohen Staatsbeamten herrschende Korruption und Sittenlosigkeit löste Empörung aus und wurde als reiner Hohn auf das Elend der Bevölkerung empfunden.

Die Feldzüge gegen die zweite Koalition hatten unheilvoll begonnen. Im Sommer 1799, nach der Offensive von Suworow, ging Italien verloren, und die Schweiz sowie Holland (englisch-russische Landung) wurden überfallen. Im Oberelsaß und in den Alpen waren die Grenzen bedroht.

Innenpolitisch und militärisch nahm die Regierung eine Neuordnung vor. Zahlreiche Reformen wurden in die Wege geleitet: Im Zuge einer Steuerreform (deren Früchte jedoch erst das Konsulat ernten konnte) wurde eine spezialisierte Beamtenschaft eingeführt und die Festsetzung der vier direkten Steuern (Grundsteuer, Kopf- und Mietsteuer, Gewerbesteuer, Tür- und Fenstersteuer) vorgenommen; die öffentliche Fürsorge wurde organisiert; Pläne für ein Straßennetz und eine Übersicht der schiffbaren Wasserwege wurden erstellt sowie Schritte zur Entwicklung von Handel und Industrie unternommen. Auf militärischem Gebiet blieb Frankreich infolge der Siege von Brune bei Bergen (27. Fructidor VIII / 19. September 1799) und von Masséna bei Zürich (5. Vendémiaire VIII / 25.–27. September) von einer Invasion verschont. Da der Zar sich aus der zweiten Koalition zurückzog, löste diese sich auf. Die öffentliche Meinung indessen erkannte die Bemühungen des Regimes um die Wiederherstellung der Ordnung keineswegs an; darüber hinaus stiftete ein Wiederaufleben des Jakobinertums wie des Royalismus Unruhe unter den gemäßigten Republikanern.

Nach dem «parlamentarischen» Sieg vom Prairial wurden Maßnahmen ergriffen, die die Besitzenden an die Schrekkensherrschaft gemahnten: Zwangsanleihen bei den Reichen, gesetzliche Geiselnahme, abzielend auf die Priester, die Angehörigen von Emigranten, die Adeligen und ihre Familien. Auf das Gesetz Jourdan (28. Juni 1799), das die Wehrpflicht einführte, folgte die Aushebung – ohne die Möglichkeit, einen Ersatzmann zu stellen – von fünf Jahrgängen Wehrpflichtiger, eine bei der Bourgeoisie verhaßte Maßnahme. Am 14. Juli 1799 ging Jourdan sogar so weit, einen Toast «auf die Wiederauferstehung der Piken» auszubringen. Die royalistische Gefahr war nicht weniger konkret. Am 5. August brach ein Aufstand im Departement Haute-Garonne aus – und wurde rasch unterdrückt –, der auf die Departements Gers und Ariège übergriff. Mitte Oktober erhob sich wieder einmal der Westen.

Die konservative Bourgeoisie erstrebte somit ein Regime mit einer stärkeren Exekutive, das sich Respekt verschaffen und einen Schlußstrich unter die Revolution ziehen würde, indem es die erzielten materiellen Eroberungen (die Nationalgüter) und politischen Errungenschaften (die Ergreifung der Macht) festigen und ausbauen und sowohl gegen die Royalisten als auch gegen die Jakobiner verteidigen würde. Die zunehmend um sich greifenden revisionistischen Bestrebungen dieser Bourgeoisie kamen einer kleinen Gruppe von Ehrgeizigen und Intriganten sehr gelegen, die schon zwei Jahre lang die Werbetrommel in diesem Sinne gerührt hatten. Sie waren in Salons wie in dem der Madame de Staël anzutreffen; unter ihnen befanden sich Benjamin Constant, Barras, Lucien Bonaparte, Präsident des Rates der Fünfhundert, und der Abbé Emmanuel-Joseph Sieyès. Ihren oft widersprüchlichen Projekten hatten sich schließlich auch die Kapitalisten als Gegner der Zwangsanleihe, die Ideologen des Institut de France und Generäle mit politischen Ambitionen angeschlossen. Im Mittelpunkt aller dieser Intrigen stand der kurz zuvor ins Direktorium gewählte Abbé Sieyès, der das Prinzip der nationalen Souveränität mit dem einer starken, stabilen Exekutive zu vereinbaren suchte. Zu diesem Zweck beabsichtigte er, die Wahl durch die Kooptation zu ersetzen, d. h. dem Verfahren verfassungsmäßige Kraft zu verleihen, dessen sich der Konvent zur Durchsetzung seines Dekrets über die zwei Drittel und dessen sich das Direktorium im Fructidor und im Floréal bedient hatten.

Der Staatsstreich war der einzig mögliche Ausweg. Sieyès gewann zwei seiner Kollegen, die Direktoren Barras und Roger-Ducos, für seinen Plan. Um die Mehrheit der beiden Kammern «überzeugen» zu können, mußte man, wie das Direktorium es im Fructidor und im Floréal getan hatte, die Armee einschalten. Dauer und Verlauf des Krieges hatten jedoch deren Einstellung verändert. Soldaten und Offiziere verachteten die Politiker, die nicht in der Lage waren, ihnen ihren Sold zu zahlen, sie zu verpflegen und sie auszurüsten. Die Generäle hatten sich mit der Zeit über die Bevormundung durch die Zivilgewalt hinweggesetzt und sich angewöhnt, nach eigenem Ermessen Operationen zu unternehmen, Verhandlungen zu führen und die eroberten Gebiete zu verwalten. Sie fühlten sich ihrerseits zunehmend zur Politik hingezogen: Im Jahre VII hatten 14 von ihnen für einen Posten im Direktorium kandidiert.

Sieyès fiel die Wahl eines Werkzeugs nicht leicht. Er brauchte jemanden, der eine republikanische Armee gegen republikanische – nicht etwa, wie im Fructidor, gegen royalistische – Kammern führte und der nach vollbrachter Tat nicht eine prominente Rolle in der Politik zu spielen suchte. Sieyès wollte einen gemäßigten Republikaner; seine Wahl fiel auf Joubert, Revisionist und Gegner der Jakobiner, aber weit weniger berühmt als andere. Man gab Joubert das Kommando über die Italien-Armee in der Hoffnung, daß er Siegeslorbeeren ernten würde; er fiel am 28. Thermidor VII (15. August 1799) bei Novi. Sieyès faßte Moreau ins Auge. Da landete Bonaparte in Fréjus.

Bonaparte scheint Ägypten verlassen zu haben in der Absicht, Italien zurückzuerobern. Als er am 17. Vendémiaire

VIII (9. Oktober 1799) in Fréjus an Land ging, wurde er begrüßt, als brächte er mit dem Sieg Europa erneut den Frieden. Von Fréjus bis Paris, das er am 24. Vendémiaire (16. Oktober) erreichte, verriet ihm der Empfang durch die Bevölkerung das Ausmaß seiner Beliebtheit. Er erfuhr, daß ein Staatsstreich vorbereitet wurde. Überzeugt, daß das Jakobinertum keine Zukunft haben würde, aber auch ein Gegner des Royalismus, näherte er sich mit der Unterstützung seiner Brüder Joseph und Lucien dem revisionistischen Lager, denn er gönnte der künftigen Regierung nicht das Verdienst, den Frieden wiederhergestellt zu haben – ohne ihn.

Die Begegnung zwischen Sieyès und Bonaparte, mit Talleyrand als Vermittler, brachte die Lösung. Die Einigung kam zwar nicht mühelos zustande, aber Sieyès gewann schließlich den Eindruck, daß die Armee dem General Vendémiaire anstandslos folgen und daß Napoleon darüber hinaus eine gewisse Sicherheit für die Linken in das Unternehmen einbringen würde.

Eine Pressekampagne wurde gestartet und die Idee des notwendigen Friedens geschickt mit der einer Verfassungsänderung verbunden. Um die zwingende Notwendigkeit der letzteren zu propagieren, wurde die Diskussion in der Presse so geführt, als seien die Freiheit durch eine drohende royalistische Restauration und das Eigentum durch eine bevorstehende gesellschaftliche Revolution gefährdet. Man brauchte Geld, um den Diensteifer der Generäle und der Truppen zu entfachen. Da die Mehrzahl der Bankiers sich zurückhaltend zeigte, fungierten als Geldgeber in erster Linie die Armeelieferanten, ohnehin vergrämt über ein neues Gesetz, das die bevorzugte Einlösung ihrer Forderungen an den Schaltern der Staatskasse aufgehoben hatte. Man konnte mit drei Direktoren rechnen – mit Sieyès selbstverständlich, mit Barras, der neutralisiert worden war, und mit Roger-Ducos, der den Dingen ihren Lauf lassen würde –, ebenso mit der Mehrheit des Rates der Alten und mit der des Rates der Fünfhundert, dessen Präsident Lucien Bonaparte war. Nach dem von Sieyès ausgeklügelten Plan sollte der Schein der Legalität gewahrt werden und die Hauptrolle den Kammern zufallen; diese sollten die Verfassungsänderung beschließen. Bonaparte war lediglich eine zweitrangige Rolle, die des Verteidigers der durch eine jakobinische Verschwörung gefährdeten republikanischen Institutionen zugedacht.

Der Rat der Alten war, mit Ausnahme der oppositionellen Mitglieder, die zu benachrichtigen man «vergessen» hatte, für den 18. Brumaire VIII (9. November 1799) um sieben Uhr morgens in die Tuilerien einberufen worden. Der Abgeordnete Cornet verlas einen Bericht, in dem von einem jakobinischen Komplott die Rede war. Daraufhin beschlossen die Abgeordneten die – verfassungsmäßig durchaus zulässige – Verlegung des Tagungsorts beider Kammern nach St. Cloud; sie beauftragten Bonaparte mit der Ausführung dieses Dekrets und unterstellten die Pariser Truppen seinem Befehl, eine Maßnahme, die eigentlich in den Kompetenzbereich des Direktoriums fiel. Nun mußten nur noch die Mitglieder des Direktoriums dazu gebracht werden, ihr Amt niederzulegen. Sieyès und Roger-Ducos traten von selbst zurück, Barras ließ sich durch eine ansehnliche «Entschädigung» dazu überreden, Gohier und Moulin wurden von Moreau im Palais du Luxembourg unter Hausarrest gestellt und gaben schließlich nach. In Paris schlug man Plakate an; auf dem einen wurden die Männer des Direktoriums angegriffen «Sie haben so viel getan, daß es keine Verfassung mehr gibt», auf dem anderen stand «Bürger, in Paris muß Bonaparte sein, um Euch den Frieden geben zu können».

Alles war ruhig in der Hauptstadt, in der die Börse, die ihren Tiefststand erreicht hatte, sich wieder zu erholen begann. Da man immerhin damit rechnen mußte, daß die Jakobiner sich während der Nacht einfinden würden, begann Cambacérès, in Anbetracht eines möglichen Mißlingens, einen Alternativ-Staatsstreich vorzubereiten. Tatsächlich stand den Verschwörern das Schwierigste noch bevor: die Kammern zu veranlassen, eine Verfassungsänderung zu beschließen, mit der man sie noch gar nicht befaßt hatte, und am 19. Brumaire von ihnen die Einsetzung einer Kommission zu erreichen, die mit der Ausarbeitung dieser Änderung beauftragt werden sollte. Das Ganze mißglückte durch die Schuld Bonapartes.

Als Bonaparte am 19. Brumaire mit 5000 Mann in St. Cloud ankam, herrschte dort Unschlüssigkeit, und die Abgeordneten waren beunruhigt über den ungewohnten Truppenaufmarsch. Im Rat der Alten zogen die tags zuvor «Vergessenen» das Glücken des Komplotts in Zweifel, und die Mehrheit der Deputierten zögerte, eine neue Exekutive zu bestimmen. Im Rat der Fünfhundert verlangten die Linken, daß jeder Abgeordnete namentlich aufgerufen werde und seinen Treueid auf die Verfassung erneuere, was auch geschah. Da die Dinge sich hinzogen, beschloß Bonaparte, sie zu beschleunigen.

Er trat vor den Rat der Alten, der den Vorschlag, eine provisorische Regierung zu ernennen, erörterte, und hielt eine lange, unbeholfene und inkohärente Rede, die die Deputierten ratlos machte und nichts bewirkte. Sodann begab er sich, begleitet von Grenadieren und Generälen, zum Rat der Fünfhundert, wo er mit Rufen wie «Ächtet ihn !» und «Nieder mit dem Tyrannen!» geschmäht und von den Abgeordneten tätlich angegriffen wurde. Nur mit Mühe konnte er, halb ohnmächtig, weggebracht werden. Alles schien verloren.

Infolge der vom Rat der Fünfhundert angedrohten Ächtung sahen sich die Verschwörer gezwungen, den Bereich der Legalität zu verlassen und zur Gewaltanwendung überzugehen. Lucien rettete die völlig verfahrene Situation. Indem er die Sitzung des Gremiums aufhob, hinderte er die Fünfhundert daran, seinen Bruder zu ächten. Dieser hatte in einer – nicht sehr erfolgreichen – Ansprache an seine Truppen die Deputierten der Absicht, ihn zu töten, bezichtigt. In seiner Eigenschaft als Präsident des Rates der Fünfhundert und als Vertreter des Gesetzes richtete Lucien, hoch zu Roß, das Wort an die Grenadiere der Parlamentswache und brandmarkte eine Minderheit als «mit Dolchen bewaffnete Volksvertreter ..., zweifellos von England gedungen», die ihren General hätten ermorden wollen. Gleichzeitig beteuerte er seine Freiheitsliebe, die er selbst gegen seinen Bruder verteidigen würde. Daraufhin drangen die Grenadiere von Murat und Leclerc in die Orangerie ein und warfen Publikum und Abgeordnete hinaus.

In der Folge war den Verschwörern sehr daran gelegen, den Schein der Legalität zu wahren. In St. Cloud trommelten sie die erreichbaren Mitglieder des Rats der Alten und des Rats der Fünfhundert zusammen; nachdem diese bei Kerzenlicht beraten hatten, bestimmten die Alten schließlich gegen zwei Uhr morgens eine provisorische Exekutive in Form einer konsularischen Kommission, bestehend aus Bonaparte, Sieyès und Roger-Ducos, die, als Konsuln der Französischen Republik, mit allen direktorialen Vollmachten ausgestattet wurden. Im Zuge einer Selbst-Säuberung entfernten die beiden Kammern 62 Deputierte, die sich «Ausschreitungen und Attentate» hatten zuschulden kommen lassen, aus ihrer Mitte; danach vertagten sie sich, nachdem sie zwei Ausschüsse gebildet und mit der Ausarbeitung einer neuen Verfassung beauftragt hatten, die «die Unverletzlichkeit der Souveränität des Volkes, der einen und unteilbaren Republik, des Repräsentativsystems, der Gewaltenteilung, der Freiheit, der Gleichheit, der Sicherheit und des Eigentums verankern» sollte.

In Paris rief die Menge «Vive la paix!» im Glauben, der Krieg sei nun bald zu Ende, und die Soldaten riefen «Vive la Républiquel!» in der Überzeugung, diese gerettet zu haben. Der Staatsstreich endete in Unsicherheit.

Als parlamentarischer Staatsstreich vorbereitet, geriet der Coup zu einem Militärputsch durch die Ungeschicklichkeit Bonapartes, dessen unsicheres Auftreten vor dem Rat der Fünfhundert das Eingreifen der Armee notwendig machte; diese spielte dann die entscheidende Rolle, was zur Folge hatte, daß Sieyès im Verlauf des Unternehmens hinter Bonaparte zurücktrat, obwohl Sieyès für die Planung des Unternehmens und Lucien und Murat für dessen Ausführung verantwortlich waren. Die Politiker, die den Staatsstreich vorbereitet hatten, waren nach dem 18. und 19. Brumaire die Geprellten, der Nutznießer hingegen war noch einmal davongekommen.

Das Erbe: Unordnung, Revolution, Krieg

Der Sinn des Staatsstreichs hatte eindeutig darin gelegen, einem zweifellos allzu sehr in Verruf geratenen Regime, das das Land in Anarchie Bankrott und Sittenverfall geführt hatte, ein Ende zu setzen. Am 20. November 1799 befanden sich nur noch 167000 Francs in bar in der Staatskasse. Die größten Bankiers von Paris erklärten sich bereit, 12 Millionen Francs vorzustrecken. Auf diese Weise wurden Verbindungen zwischen der Hochfinanz und dem neuen Regime geknüpft.

In vielen Regionen gab es so gut wie keine Obrigkeit mehr. Im Westen hatten 40000 Partisanen die ländlichen Gegenden in ihrer Gewalt und machten die Verkehrswege zwischen Paris und dem Meer unsicher. Organisierte Banden beuteten systematisch das Rhonetal, die Provence, das Languedoc und das rechte Ufer der Garonne aus; Wegelagerer überfielen die Reisenden und plünderten die Häuser der reichen «Patrioten» und der Bauern. Das erst kurz zuvor annektierte Belgien befand sich in Aufruhr: Das Verbot, nach Holland zu exportieren, die drückende Last der Steuern, die Willkür der Soldaten und die religionsfeindlichen Maßnahmen riefen heftige Unzufriedenheit hervor. Der Versuch, die Wehrpflicht durchzusetzen, löste einen Aufstand der vom Klerus unterstützten Bauern aus.

Die ganze Republik wurde von einer wirtschaftlichen Depression heimgesucht. In Lyon gab es nur noch 1500 Seidenweber gegenüber 8000 im Jahre 1789; in Paris vermochten die Werkstätten nur mehr ein Achtel ihrer Arbeiter zu beschäftigen. Die Straßen waren unbefahrbar, die Brücken zerstört. Bonaparte begriff, daß das Land vor allem eine Regierung wollte, die fähig wäre, ihm wieder zu Wohlstand zu verhelfen und für öffentliche Ruhe und Ordnung zu sorgen.

Die provisorischen Konsuln waren mit der Aufgabe betraut worden, die Unantastbarkeit der politischen Errungenschaften der Revolution sicherzustellen. Die öffentliche Meinung war ziemlich gleichgültig hinsichtlich der Form ihrer künftigen Regierung. Der republikanische Eifer war stark abgekühlt, und man hatte große Mühe, Freiwillige für die unbezahlten öffentlichen Ämter zu finden. Diese Gleichgültigkeit tat jedoch dem leidenschaftlichen Stolz der Franzosen auf die bürgerlichen Errungenschaften der Revolution, insbesondere auf die gesellschaftliche Gleichheit, keinen Abbruch. Ausnahmslos alle Nutznießer der Revolution, bäuerliche und bürgerliche Käufer von Nationalgütern, Verwaltungsbeamte, ganz zu schweigen von denjenigen Politikern, die für den Tod des Königs gestimmt hatten, mußten befürchten, im Falle einer Restauration des Ancien Régime alles zu verlieren. Und was das Schreckgespenst einer jakobinischen Republik anbelangte, so raubte es allen Besitzenden den Schlaf.

Das Desinteresse des Landes, das nur begierig war, die neuen Errungenschaften zu genießen, kam dem Ehrgeiz Bonapartes sehr entgegen. Er erkannte, daß die Franzosen Übergriffe auf die Prinzipien hinnehmen würden, vorausgesetzt, man rührte nicht an die Interessen. Er begriff, daß er infolgedessen nach außen hin keine Partei favorisieren durfte.

Ebenso wußte er, daß die Hoffnung, er bringe erneut den Frieden, einer der Gründe für seine Beliebtheit war; aber ihm war auch bewußt, daß Frankreich nur einen Frieden wollte, in dem es alles behalten könnte: Belgien, den Rhein und die Alpen. Darüber zu bestimmen, lag jedoch nicht in seiner Macht allein. Am gleichen Tag, an dem das endgültige Konsulat eingesetzt wurde, wandte er sich an den König von England und an das Oberhaupt des Deutschen Reiches und forderte beide auf, mit ihm zusammen an der Wiederherstellung des allgemeinen Friedens zu arbeiten. Sie verzichteten darauf, ihm zu antworten und gaben auf diese Weise zu verstehen, daß die europäischen Monarchien nicht beabsichtigten, sich einem Frankreich gegenüber versöhnlich zu zeigen, das von einem Mann regiert wurde, der aus der Revolution hervorgegangen war. Der Krieg war auch wirtschaftlicher Natur. Auf diesem Gebiet hatte das Direktorium unter dem Deckmantel der Auseinandersetzung mit England eine Politik initiiert, die darauf abzielte, in Europa die wirtschaftliche Hegemonie Frankreichs durchzusetzen. Hätte Bonaparte diesen Kurs rückgängig machen können, ohne die französische Fabrikantenbourgeoisie vor den Kopf zu stoßen? Einmal Staatsoberhaupt geworden, sollte er mehr Zeit bei seinen Armeen als in den Regierungsgebäuden verbringen.

Er war um so mehr dazu verurteilt, Erfolg haben zu müssen, als er noch mit anderen Schwierigkeiten zu kämpfen hatte, die sich aus der Art und Weise ergaben, wie er an die Macht gelangt war, und denen er sich bis 1815 immer wieder stellen mußte. Er war Zielscheibe des Neides von Generalen wie Moreau, Bernadotte und Augereau, die fanden, daß sie den Staatsstreich hätten ebenso gut ausführen können wie er, um so mehr, als man ursprünglich beim einen oder anderen von ihnen vorgefühlt hatte. Bonaparte mußte gegen die Jakobiner kämpfen, die ihm vorwarfen, die Souveränität des Volkes verletzt zu haben, und in deren Augen er ein Tyrann war. Er wurde von den Royalisten angegriffen, die in ihm, sobald ihre Hoffnungen auf eine Restauration der Monarchie dahinschwanden, einen Usurpator sahen. Er bekam die Feindseligkeit derjenigen Brumairianer zu spüren, die ihn gerufen hatten, damit er den Staatsstreich ausführe, nicht aber, damit er dessen Hauptnutznießer sei; für sie war er ein Despot. Von dem Augenblick an, als er an die Macht kam, begleiteten Intrigen, Komplotte und Attentate seinen Weg bis zuletzt. Selten hat ein Staatsoberhaupt sein Amt unter so gefährlichen Bedingungen ausgeübt.

Die Einsetzung des neuen Regimes

Die Brumairianer hatten die Macht ergriffen, um Frankreich eine Verfassung zu geben. In der kurzen Zeitspanne zwischen dem Staatsstreich (18./19. Brumaire / 9./10. November) und dem Abschluß der Ausarbeitung der Konstitution (5. Nivôse VIII / 25. Dezember 1799) vermochte Bonaparte die Oberhand über die Brumairianer zu gewinnen. Dabei kam ihm der Zufall zu Hilfe: Die drei provisorischen Konsuln sollten nacheinander den Vorsitz über die Regierung führen, und aufgrund des Alphabets war vom ersten Tag an die Reihe an ihm. Die Konsuln bestimmten die Minister; beibehalten wurden Cambacérès als Justizminister und Fouché als Polizeiminister; neu ernannt wurden Berthier für das Kriegsministerium und Gaudin, ein hervorragender Fachmann, für das Finanzministerium. Bonaparte wußte, daß seine Beliebtheit nur von Dauer sein würde, wenn es der Regierung gelänge, das Vertrauen der Bevölkerung wiederzugewinnen.

Er achtete sorgfältig darauf, sich von den Extremisten abzugrenzen: «Weder rote Mützen noch rote Absätze!» Er ermutigte die Interessen der Etablierten, denn der Staat brauchte Geldgeber: Die Zwangsanleihe wurde durch eine Steuer von 25 Prozent auf die drei Hauptabgaben ersetzt. Er versprach feierlich «eine Regierung, die die Gesellschaft verteidigt, die Ordnung liebt, das Eigentum in jeder Form achtet und sich dem Ausland gegenüber friedliebend verhält».

Bonaparte versicherte sich der Mitarbeit zweier Generale, die kurz zuvor Siege errungen hatten: Masséna und Brune. Die Regierung teilte nach rechts und nach links Schläge aus: Eine Anzahl Jakobiner wurde geächtet, aber Bonaparte richtete es geschickt so ein, daß man Fouché dafür verantwortlich machte. Gleichzeitig wurde das Rückkehrverbot für Emigranten erneuert.

Auf diese Weise tat sich Bonaparte – wenn auch mit einiger Zurückhaltung – gegenüber den anderen Brumairianern hervor, zu einem Zeitpunkt, da sich die öffentliche Meinung abwartend verhielt. Dieses moralische Übergewicht mußte er in eine juristisch definierte politische Überlegenheit umsetzen, und das geschah mit Hilfe der Verfassung des Jahres VIII.

Innerhalb der beiden Ausschüsse war der von Sieyès und den Ideologen ausgeübte Einfluß übermächtig. Es war klar, daß man von dieser Seite nicht gedachte, den Despotismus eines einzelnen zu installieren. Man wünschte die Vorherrschaft der aus Spekulanten mit den Nationalgütern und Kriegsgewinnlern bestehenden Bourgeoisie zu konsolidieren, die seit 1795 die Macht ausübte. Man wollte also ein Repräsentativsystem, das nicht in die Extreme des Gremien-Regimes verfallen würde und auf das das Volk keinerlei Einfluß ausüben könnte. Ebenso beabsichtigte man, unbequeme Personen auszuschalten und jede Gefahr einer Diktatur zu bannen, und plante daher eine Exekutive in Form eines Kollegiums. An der Spitze des Staates sollte ein auf Lebenszeit ernannter Groß-Elektor mit rein repräsentativen Funktionen stehen; er sollte zwei Konsuln bestimmen, einen für die inneren und einen für die auswärtigen Angelegenheiten. Die tatsächliche Macht sollte ein durch Kooptation rekrutiertes konservatives Kollegium bzw. ein Senat innehaben; Aufgabe des Senats sollte sein, unter den Notabeln die Mitglieder der Versammlungen zu wählen und den Groß-Elektor zu bestimmen, den er, falls er ihn abberufen sollte, in seine Mitte aufzunehmen hätte. Kurz, dieser Senat sollte der Oligarchie der Notabeln die Vormachtstellung einräumen.

Dieser Plan entsprach nicht den Absichten Bonapartes, der ausrichten ließ, er wolle kein «Mastschwein» sein. Er war der Auffassung, daß die tatsächliche Macht einem Mann gebühre, der sich auf den unmittelbar durch Plebiszit eingeholten Konsens des Volkes berufen konnte. Sieyès mußte sich bereit erklären, die exekutive Gewalt zu verstärken und sie in der Hand Bonapartes zu konzentrieren. Die Verfassung sah nunmehr an der Spitze des Staates drei durch den Senat auf zehn Jahre gewählte und beliebig oft wiederwählbare Konsuln vor. Der Erste Konsul war niemandem verantwortlich; er allein besaß die Gesetzesinitiative und die Machtvollkommenheit, die Gesetze anzuwenden. Er ernannte die Minister und fast alle Beamten, was ihn in bezug auf die Lokalbehörden so gut wie allmächtig machte. Das einzige Recht, das er noch nicht besaß, war, über Krieg und Frieden zu entscheiden. Die beiden anderen Konsuln hatten lediglich eine beratende Funktion. Die Konstitution stellte dem Ersten Konsul ein Gremium zur Seite, den Staatsrat, der die Vorhaben, Verordnungen und Entscheidungen die Verwaltungsgerichtsbarkeit betreffend abzufassen hatte. Diese Verordnungsgewalt des Staatsrats ließ seine legislative Gewalt in den Hintergrund treten und machte sie illusorisch. Der Staatsrat bildete das eigentliche Räderwerk der Exekutive, das sich im übrigen jeder Kontrolle durch die Legislative entzog.

Es war vorgesehen, daß die Namen der drei Konsuln, die als erste amtierten, in den Wortlaut der Konstitution aufgenommen werden sollten und daß sie von den nach dem Staatsstreich aus den beiden Ratsgremien des Direktoriums hervorgegangenen Ausschüssen gewählt werden sollten. Vor der Stimmenauszählung warf Bonaparte die Stimmzettel ins Feuer und forderte Sieyès auf, seine Wahl zu treffen. Das war ein abgekartetes Spiel, denn seine Wahl fiel auf Bonaparte als Ersten Konsul und auf Cambacérès und Lebrun für die beiden anderen Posten; als «Anwärter» auf das höchste Amt sollten sie dem Ersten Konsul mit ihrem jeweiligen Sachverständigen-Wissen zur Seite stehen, Cambacérès auf juristischem Gebiet, Lebrun im finanziellen Bereich. Überdies schirmten sie ihn ab nach links und nach rechts: Cambacérès war ein Königsmörder, und Lebrun war ein enger Mitarbeiter des Kanzlers Ludwigs XV., René Nicolas de Maupeou, gewesen.

Bonaparte lag daran, sich der Zustimmung des Volkes zu versichern; die Konstitution wurde also einem Plebiszit unterworfen – die einzige Art der Abstimmung, für die das allgemeine Wahlrecht, das man dem Volk gewährt hatte, nicht ein nahezu illusorisches Recht war. Das gleiche Verfahren wurde auch 1802, 1804 und 1815 angewendet, denn das Regime war nichts anderes als eine Autokratie auf plebiszitärer Basis. Das Volk aufzufordern, sich zur Verfassung zu äußern, bedeutete für Bonaparte, sich in die vom Konvent begonnene revolutionäre Tradition einzugliedern; es bedeutete auch, sich über die zwischengeschalteten Gremien hinwegzusetzen und es ihnen auf diese Weise unmöglich zu machen, ihre Funktion zu erfüllen, die darin bestanden hätte, «die Obrigkeit daran zu hindern, sich in Despotismus zu verwandeln». Seine Macht – zumindest scheinbar – vom Volk zu erhalten, war für Bonaparte ein Mittel, sich der Bevormundung durch die Brumairianer zu entziehen. Aber er wollte sich nicht etwa auf die niederen Schichten stützen – er mißtraute ihnen und wußte instinktiv um ihre geheimen Bestrebungen; deshalb stellte er sich dem Plebiszit. Ebenso wußte er, durch die Polizei, daß der Jubel, mit dem er bei seiner Rückkehr aus Ägypten empfangen worden war, sich gelegt hatte; das erklärt die vielen Vorsichtsmaßnahmen, die getroffen wurden, um ein günstiges Ergebnis zu erhalten.

Die Bürger wurden aufgefordert, «ja» oder «nein» in die Listen einzutragen, die in Rathäusern, in Gemeindeverwaltungen, in den Kanzleien der Friedensrichter und in den Notariaten auflagen. Eine neuerliche Unregelmäßigkeit war der Beschluß der Konsuln, daß ein Überwiegen der Ja-Stimmen in Paris genüge, damit die Verfassung in Kraft gesetzt werden könne. Infolgedessen trat sie sofort nach Bekanntwerden der Pariser Resultate (32440 Ja- gegenüber 14 Nein-Stimmen) am 4. Nivôse VIII (25. Dezember 1799) in Kraft, während das endgültige Ergebnis für ganz Frankreich erst am 7. Februar 1800 bekanntgegeben wurde: von etwa 5 Millionen potentiellen Wählern hatten insgesamt 3 011 117 mit Ja und 1562 mit Nein gestimmt. Aufgrund der von Cl. Langlois durchgeführten Untersuchungen weiß man heute, daß die Dienststellen des Innenministers Lucien Bonaparte die Zahl der abgegebenen Stimmen und die der Ja-Stimmen aufrundeten und daß dadurch ein – fingiertes – Plus von etwa 900000 Stimmen zustande kam. Die Verfassung wurde somit nur von einer wohlwollenden Minderheit angenommen. Man konnte sich mit dem neuen Regime nur widerstrebend abfinden und war weit entfernt von der begeisterten Zustimmung, die Bonaparte sich erhofft hatte. Indem er die Wahlergebnisse fälschte, hatte Lucien seinen Bruder wieder einmal gerettet. Die Mehrheit der Franzosen verhielt sich zurückhaltend; das Regime erfreute sich des Wohlwollens nur derjenigen, die ihre Stimme abgegeben hatten. Um dem Despotismus der Versammlungen zu entgehen, vertraute sich die Nation einem einzigen Mann an, der behauptete, den Willen des Volkes und zugleich die Macht des Staates zu verkörpern. Sie gab dem Bonapartismus eher ihre Zustimmung, als daß sie sich ihm aus Begeisterung angeschlossen hätte.

Bürger Bonaparte – Erster Konsul

Der junge Mann von dreißig Jahren, den uns eine Zeichnung von David aus jener Zeit zeigt – mager, mit ungepflegtem Haar und nachlässig in seinem Äußeren –, besaß die erforderlichen Eigenschaften, um der Aufgabe gerecht zu werden, die gleichbedeutend war mit der Erfüllung der geheimsten Wünsche des Volkes. Er hatte auf den Schlachtfeldern seine Tapferkeit und in Italien und Ägypten seine außergewöhnlichen Fähigkeiten als Administrator und Staatsmann bewiesen; gleichzeitig hatte er Erfahrungen auf dem Gebiet der öffentlichen Angelegenheiten gesammelt. Er war nicht allwissend; so besaß er beispielsweise keine fundierten Kenntnisse auf dem finanziellen und dem wirtschaftlichen Sektor; aber er war sich wenigstens seiner Unzulänglichkeiten bewußt. Er zog Sachverständige zu Rate und berücksichtigte, zumindest anfangs, ihre Meinung. Er mißtraute theoretischen Gedankengebäuden und ging die Probleme zielstrebig von ihrer praktischen Seite an. «Meine Politik ist, die Menschen so zu regieren, wie die meisten von ihnen regiert sein wollen.» Er war kein Dogmatiker, sondern ein Mann der Tat, und als solcher wußte er sich den jeweiligen politischen, wirtschaftlichen und sozialen Verhältnissen anzupassen; mit Problemen konfrontiert, schlug er die Lösungen vor, die ihm am geeignetsten erschienen (die jedoch nicht immer die besten waren).

Seine Korrespondenz bezeugt, daß nur selten etwas seiner Aufmerksamkeit entging. Da er auf die Überprüfung der Stärke eines Regiments ebensoviel Sorgfalt verwendete wie auf die Kontrolle der Abrechnungen der Staatskasse, stellte er die Ausdauer eines jeden auf eine harte Probe, zumal er selbst sich lange Zeit einer außergewöhnlichen physischen Widerstandskraft erfreute. Mit einer erstaunlichen Mühelosigkeit konnte er von einem Problem zum anderen überwechseln, und er verblüffte alle Sachverständigen durch seine schnelle Auffassungsgabe, die es ihm erlaubte, selbst komplizierte Sachverhalte sofort zu begreifen. War es richtig, daß er sich als Staatsoberhaupt um alle Details kümmerte? In seiner Umgebung herrschte zwar kein Mangel an klugen Köpfen, aber es gab nur ganz wenige, denen er blind vertrauen konnte; das war vermutlich der Grund dafür, daß er seinen Untergebenen kaum freie Hand ließ.

Außer auf dem Schlachtfeld, wo er zuweilen dem Unvorhersehbaren mit oft genialen Improvisationen zu begegnen

Napoleon als Erster Konsul.
Gemälde von Jean Auguste Ingres.

vermochte, widmete er jedem Problem genau das Maß an konzentrierter Überlegung, das seine Bedeutung erforderte. Bonapartes große Stärke bestand lange Zeit darin, an die kühnsten Spekulationen, deren seine Einbildungskraft fähig war, den Maßstab seines Gespürs für das Machbare und das Nicht-Machbare anzulegen, sich also nur auf Unternehmungen einzulassen, die eine konkrete Aussicht auf Erfolg hatten. Im Laufe der Jahre machte seine Persönlichkeit natürlich eine gewisse Entwicklung durch, aber bis zuletzt bewahrte er sich die Fähigkeit, sich den Umständen anzupassen, in überraschenden Situationen improvisieren zu können und für jedes Problem mehrere Lösungen parat zu haben. Dies sowie seine Entscheidungsfreudigkeit und seine Autorität machten aus ihm einen Menschen, der nicht mit allgemein gültigen Maßstäben gemessen werden konnte. Darin lagen seine Stärke und seine Schwäche.

Die Stabilisierung der Revolution in Frankreich

Die drei Konsuln verkündeten bei ihrem Amtsantritt: «Bürger, die Revolution ist verewigt in den Prinzipien, die sie eingeläutet haben: Sie ist beendet!» Das bedeutete eine Rückbesinnung auf das Jahr 1791, auf die Abschaffung des Absolutismus und des Ancien Régime unter Ausklammerung dessen, was danach geschehen war. Dieses Vorhaben erforderte zunächst neue Institutionen.

Die Reorganisation der Institutionen

Das napoleonische Regime hat stets am Prinzip der nationalen Souveränität festgehalten. Seine Legitimität gründete sich auf den Konsens des Volkes. Keine der napoleonischen Verfassungen hat je die Bürger des Stimmrechts beraubt, und die Konstitution des Jahres VIII führte das allgemeine Wahlrecht wieder ein. Das Stimmrecht bedeutete in diesem Falle jedoch nicht das Recht zu wählen, sondern das Recht, an der Erstellung von Listen mitzuwirken, auf denen die Namen derjenigen verzeichnet wurden, die wählbar oder, genauer gesagt, geeignet waren, das Amt eines Abgeordneten oder eines Verwaltungsbeamten zu bekleiden.

Sofern der Anlaß nicht ein Plebiszit war, bestand das Wahlrecht im Zusammenstellen von «Vertrauenslisten», in denen die Notablen der Gemeinde, des Departements und letztlich des ganzen Landes aufzuführen waren, die das Vertrauen ihrer Mitbürger genossen; diese Listen wurden ein für allemal angelegt und entstehende Lücken nur alle drei Jahre durch das Einfügen neuer Namen geschlossen. Die aufgeführten Notablen waren lediglich von ihren Mitbürgern vorgeschlagene Kandidaten, unter denen die Regierung die Beamten für die Gemeinde- und Departementsverwaltungen auswählte, während der Senat aus der landesweiten Liste die Mitglieder der gesetzgebenden Organe bestimmte.

Das Repräsentativsystem wurde somit beibehalten, die legislative Gewalt jedoch erheblich geschwächt. Die beiden am Erlassen von Gesetzen beteiligten Organe, das Tribunat und die Gesetzgebende Körperschaft, hatten, da sie ja nicht vom Volk gewählt wurden und sich infolgedessen auch nicht auf das Volk berufen konnten, keinerlei Handhabe gegen Bonaparte, der sie sich mit Hilfe aufeinanderfolgender Verfassungsänderungen gefügig machte. Die Legislative hatte keine Kontrolle über die exekutive Gewalt. Da das Tribunat und die Gesetzgebende Körperschaft nicht die Gesetzesinitiative besaßen, konnten sie die vom Staatsrat abgefaßten Gesetzesvorschläge der Regierung noch nicht einmal mit Zusätzen versehen oder abändern. Darüber hinaus hatte das Gremium, das über die Gesetze beriet – das Tribunat –, nicht über sie abzustimmen, und das Gremium, das über die Gesetze abstimmte – die Gesetzgebende Körperschaft – , hatte nicht über sie zu beraten. Man hatte den Gremien jede Kontrolle über das politische Leben entzogen.

Eine neue Macht trat in Erscheinung in Gestalt des Senats, Hochburg der Brumairianer und des Regimes. Der Senat ernannte die drei Konsuln und die Mitglieder der Versammlungen; die Beschlüsse der Versammlungen konnte er als verfassungswidrig ablehnen. Da seine Mitglieder weder gewählt noch ernannt waren – er ergänzte sich durch Kooptation –, war er von niemandem abhängig und vermochte alles zu kontrollieren. Diese neuartige Körperschaft mit ihren auf Lebenszeit amtierenden, hochbesoldeten und infolgedessen unabhängigen Mitgliedern (ihr Gehalt betrug 25 000 Francs, etwa 195 000 DM in heutiger Währung) wäre der Exekutive gewachsen gewesen, hätte sie sich nicht von Bonaparte domestizieren lassen.

Bonaparte ernannte die Minister: die beiden eingefleischten Brumairianer Lucien Bonaparte und Talleyrand zum Innen- bzw. Außenminister, den Neu-Brumairianer Fouché zum Polizeiminister, Berthier, einen General der Revolution, zum Kriegsminister und Gaudin, zunächst Mitglied der Finanzaufsicht des Ancien Régime und später Mitglied des Schatzamts der Legislative sowie des Konvents, zum Finanzminister. Er berief auch die 29 Staatsräte, darunter 20 ehemalige Mitglieder der revolutionären Kammern. Gemäß der Verfassung führte Sieyès den Vorsitz über die Wahl der ersten 29 Senatoren; sie bildeten zusammen mit ihm selbst und Roger-Ducos die absolute Mehrheit von 31, die die restlichen 29 hinzuwählte. Die 60 Senatoren wiederum bestimmten die 100 Mitglieder des Tribunats und die 300 der Gesetzgebenden Körperschaft. Unter allen diesen Leuten befanden sich natürlich auch einige «Kapazitäten» wie Berthollet, Monge, Laplace und Volney, ebenso Offiziere im Generalsrang wie Kellermann, manche Krypto-Royalisten, vor allem aber ehemalige Mitglieder diverser revolutionärer Kammern; die letztgenannten bildeten eine Mehrheit von 310 Brumairianern, ehemaligen Angehörigen der Plaine (der gemäßigten Partei), Königsmörder-Thermidorianern und reumütigen Anhängern der Schreckensherrschaft.

Die Verfassung bedeutete die Erfüllung der Wünsche sowohl Bonapartes als auch der Brumairianer, und der verfassungsmäßige Werdegang des Regimes entsprach spiegelbildlich dem Verlauf ihrer Beziehungen zueinander. Da der Erste Konsul seine Macht nur dem Volk verdanken wollte, kennzeichnete jeder Zuwachs an Popularität seiner Person den Eintritt in ein neues Stadium dieser von der Schwächung der Legislative, der entsprechenden Stärkung der Exekutive und der verstärkten Beherrschung des Senats durch Bonaparte geprägten Entwicklung.

Nachdem die Verfassung unter Dach und Fach war, wollte Napoleon die Regierungsinstrumente des Staates neu organisieren – die Verwaltung, die Justiz, die Finanzen und die Polizei. Da gab es Ämter zu verteilen, durch die er sich neue Gefolgsleute verpflichten konnte.

Eine tiefgreifende Veränderung wurde durch das Gesetz vom 28. Pluviôse VIII (17. Februar 1800) bewirkt. Der von der Constituante festgelegte Rahmen – Departement, Arrondissement (erweitert gegenüber dem ehemaligen Distrikt), Gemeinde – wurde zwar beibehalten, und es gab nach wie vor eine Vertretung an der Spitze jeder dieser Verwaltungseinheiten, aber für das Bestellen dieser Vertretung wurde auf das Wahlprinzip verzichtet. Die örtlichen Ratsgremien wurden nunmehr von der Regierung aus den Notabilitätslisten zusammengestellt. Ihre Rolle wurde auf die Erstellung des (von einem Regierungsvertreter noch zu genehmigenden) Budgets für ihren Bezirk und auf die Aufteilung der direkten staatlichen Steuern auf die Steuerpflichtigen beschränkt. Die wirklichen Herren der Lokalverwaltung waren die von der Regierung ernannten Beamten, in erster Linie die Präfekten der Departements. Sie hatten auch eine politische Funktion: das Niveau des Gemeinsinns zu kontrollieren, das Wirtschaftsleben zu aktivieren und für die ordnungsgemäße Abwicklung der Einberufung zum Wehrdienst zu sorgen. Das von der Revolution eingeführte Prinzip der Autonomie der Lokalverwaltungen war somit aufgehoben.

Die Präfekten wurden mit größter Sorgfalt vom Ersten Konsul aus Listen ausgewählt, die seine beiden Kollegen, Talleyrand und Lucien Bonaparte – der häufig das letzte Wort hatte – ihm vorlegten. Unter den Präfekten waren, neben einigen früheren Beamten und Generälen sowie etlichen Vertretern jener Kreise des Hochadels, die sich der Revolution angeschlossen hatten, die Gemäßigten der Revolutionszeit vorherrschend. Die napoleonische Zentralisation ging letztlich sehr viel weiter und war ungleich wirksamer als die des Ancien Régime. Die alte Monarchie hatte eher verwaltet, als daß sie regiert hätte, das napoleonische Regime regierte und verwaltete.

Die durch das Gesetz vom 27. Ventôse VIII (18. März 1800) eingeleitete Reform brachte die Organisation der Justiz in Übereinstimmung mit dem neuen Autoritätsprinzip. Die von der Constituante eingeführte Hierarchie blieb bestehen: Friedensgerichte, Strafkammern in den Departements, mit Anklage- und Urteilsjury. Im übrigen wurde das Werk der Revolution stark abgeändert. Zunächst wurden 29 Appellationsgerichtshöfe geschaffen, die aufgrund ihrer Zahl, ihres Wirkungsbereichs und der Amtsgewalt ihrer Richter an die alten «Parlamente» erinnerten. Gewählt wurden nur noch die Friedensrichter; die Richter des Kassationsgerichtshofs wurden vom Senat ernannt und alle übrigen vom Ersten Konsul; diejenigen, die Urteile verkündeten, waren unabsetzbar, hingen aber für ihre Beförderung von der Regierung ab. Schließlich erhielt jeder Gerichtshof an Stelle des öffentlichen Anklägers einen (absetzbaren) Regierungskommissar, der als Staatsanwalt fungierte und zugleich seine Kollegen überwachte.

Für das Richteramt wurden Justizbeamte des alten Regimes sowie Männer, die sich unter der Revolution hervorgetan hatten, und intellektuelle Notabeln herangezogen. Um dem Unwesen der Straßenräuberei ein Ende zu bereiten, wurden gerichtliche Sonderinstanzen geschaffen. Ein Gesetz vom Februar 1801 ermächtigte die Regierung, in Departements, in denen sie es für angezeigt hielt, Sondergerichtshöfe einzurichten, um Diebstahl sowie auf dem Lande verübte Gewaltaten und Gewaltanwendung auf der Straße (auf diesen stand Todesstrafe), Brandstiftung, Falschmünzerei und bestimmte Arten des Mordes zu ahnden. Diese Sondergerichte – bestehend aus drei Richtern, drei Gerichtsbeamten und zwei vom Ersten Konsul bestimmten Bürgern – fällten ihr Urteil ohne Geschworene und ohne die Möglichkeit, Berufung gegen das Urteil einzulegen.

Bonaparte erwartete ein reibungsloses Funktionieren der Polizei, die er Fouché anvertraute. Um zu verhindern, daß dieser zu mächtig wurde, stellte er ihm für Paris einen Polizeipräfekten zur Seite. In den Departements operierten General- oder Sonderbeauftragte. Fouché verfügte auch über eine Geheimpolizei, die von Desmarets geleitet wurde. Der

Generaldirektor der Post, Lavalette, leistete dem Ersten Konsul unmittelbar äußerst nützliche Dienste, da er die Post der in Frankreich akkreditierten Diplomaten und der verdächtigen Politiker kontrollierte.

Die von der Revolution geschaffene staatliche Gendarmerie wurde umorganisiert. Dieser dem Befehl Monceys unterstellte militärisch geschulte Apparat, ein Hilfsorgan der Polizei und der Justiz, erhielt die Aufgabe, über die öffentliche Sicherheit, insbesondere auf dem Land, zu wachen und für die Einhaltung der Vorschriften über die Wehrpflicht zu sorgen. Moncey hatte seinen eigenen Spionagedienst und verfügte über geheime Gelder, für die er nur Bonaparte gegenüber rechenschaftspflichtig war.

Alle diese Polizeiorgane lieferten dem ersten Konsul Berichte, die in einem Polizeibulletin zusammengefaßt wurden, das ihm, unabhängig von seinem Aufenthaltsort, täglich vorgelegt wurde und ihn über Straftaten, Verbrechen und vor allem über die öffentliche Meinung auf dem laufenden hielt.

Nach dem Staatsstreich waren die Kassen leer. Bonaparte machte sich in engem Einvernehmen mit dem Finanzminister Gaudin, dem Direktor der Amortisationskasse Mollien und dem Direktor und späteren (seit 1803) Minister des Schatzamtes Barbé-Marbois daran, diese Situation zu steuern. Notbehelfe blieben noch das ganze Jahr VIII hindurch der einzig mögliche Ausweg: Man borgte von Bankiers und Kaufleuten, man veräußerte Nationalgüter, man ließ Finanzmakler, Notare, Gerichtsvollzieher und Anwälte Kautionssummen hinterlegen, man bemühte sich, aus den besetzten Gebieten (aus Holland, der Cisalpinischen Republik, Piemont und Genua) noch mehr herauszuholen. In Nachahmung der erpresserischen Methoden des Direktoriums bereinigte man die Staatsschuld, indem man deren Betrag in Höhe von 110 Millionen mit Hilfe des gegen die Billigung des Tribunats verabschiedeten Gesetzes vom 21. März 1801 willkürlich auf 37 Millionen herabsetzte.

Unter den Maßnahmen, die ergriffen wurden, um das Vertrauen wiederherzustellen, war die am meisten begrüßte das «Concordat des rentes» vom 11. April 1800, dem zufolge die Renten und Pensionen von diesem Zeitpunkt an bei Fälligkeit und in bar ausbezahlt wurden.

Das vom Direktorium in die Wege geleitete Unterfangen, die Eintreibung der Steuern zu verbessern, wurde zu einem befriedigenden Abschluß geführt. Die Zentralisation der Finanzverwaltung wurde durch die Einrichtung einer Direktion der direkten Steuern straffer gestaltet. Den Gemeinde- und Stadtverwaltungen wurde jede Funktion auf diesem Gebiet entzogen. Vom Kanton bis zum Departement wurde eine Hierarchie von Staatsbeamten zur Veranlagung und Einziehung der Steuern eingesetzt. Um die Rechtschaffenheit der Steuereinnehmer und Kassierer zu gewährleisten, führte man eine Gepflogenheit des Ancien Régime wieder ein: Sie mußten «Reskriptionen» unterschreiben, durch die sie sich verpflichteten, dem Staat innerhalb von elf Monaten den Betrag der zu kassierenden Steuern abzuliefern. Sinn dieses Verfahrens war, dem Schatzamt durch die Diskontierung der Schuldscheine rasche Geldeingänge zu verschaffen. Zu diesem Zweck war durch das Gesetz vom 29. November 1799 die sog. Amortisationskasse (Schuldentilgungskasse) eingerichtet worden. Gespeist durch die von den Generalsteuereinnehmern hinterlegten Kautionen, mußte sie ihnen die Reskriptionen in bar erstatten, sollten die Einnehmer, wenn die Schuldscheine ihnen vorgelegt wurden, die zu deren Bezahlung notwendigen Mittel nicht haben. Zweck der Kasse war auch, die Staatsschuld zu reduzieren und den Kurs der Staatspapiere zu stützen, denn Bonaparte legte großen Wert auf die Marktpflege.

Die vom Direktorium eingeführten direkten Steuern machten zwei Drittel der Staatseinnahmen aus, den Rest erbrachten Zölle, Eintragungs- und Stempelgebühren und die Tabaksteuer. Eine ertragreiche Grundsteuer setzte voraus, daß jede Gemeinde einen exakten Liegenschaftskataster führte; das Gesetz, das dessen Anfertigung anordnete, wurde jedoch erst im Jahre 1807 verabschiedet. Bonaparte verhehlte nicht seine Vorliebe für indirekte Steuern, aber er ging behutsam vor, denn er fürchtete die Unzufriedenheit der Bevölkerung. Er zögerte bis 1804, ehe er die Getränkesteuer einführte und eine Gesamtbehörde (Régie) schuf, die die Aufgabe hatte, die indirekten Steuern einzuziehen.

Einstweilen verbesserte sich die Finanzlage, und im Jahre X (1801–1802) war der Haushalt bei einem Volumen von ungefähr 500 Millionen Francs ausgeglichen. Mit der Wiederaufnahme des Krieges kam es erneut zu einem Defizit, dem jedoch durch die Ausbeutung der besetzten Länder abgeholfen werden konnte.

Am 24. Pluviôse VIII (13. Februar 1800) wurde die Bank von Frankreich ins Leben gerufen. Sie sollte dem Schatzamt auf die zu erwartenden Geldeingänge Vorschüsse bewilligen, um es in die Lage zu versetzen, die dringendsten Ausgaben zu begleichen. Zu diesem Zweck nahm die Regierung Verbindung mit Bankiers auf, von denen einige den Staatsstreich finanziert hatten. Die Bank war ein Privatunternehmen mit einem Kapital von 30 Millionen Francs in Aktien zu je 1000 Francs. Die Regierung stellte ihr ein Startkapital, bestehend aus den Kautionen der Generalsteuereinnehmer, den Einkünften aus den Akzisen (Verbrauchssteuern) der Stadt Paris und den Lotterieeinnahmen zur Verfügung. Dafür mußte sie die Bedienung der Renten und Pensionen sicherstellen und dem Schatzamt Vorschüsse auf die Steuereingänge gewähren. Ihre zweite wichtige Funktion war die Rediskontierung der Warenwechsel. Um diese auszuführen, verwendete die Bank Staatsgelder und das Geld von Privateinlagen, die sie in Verwahrung bekam. Man kann also ohne Übertreibung sagen, daß die Gründer der Bank sich zu ihrem Vorteil öffentlicher Gelder bedienen konnten. Das Gesetz vom 18. April 1803 verlieh der Bank das Monopol für die Ausgabe von Banknoten (Scheinen zu 500 Francs) und erhöhte ihr Kapital auf 45 Millionen Francs. Der Verwaltungsrat der Bank wurde von ihren 200 größten Aktionären gewählt und bestand aus 15 Mitgliedern und drei Rechnungsprüfern. Eine wie auch immer geartete Kontrolle der von den Verwaltungsratsmitgliedern vorgenommenen Operationen durch den Staat, der der Bank immerhin sein Geld anvertraute, war nicht vorgesehen. Erst im Jahre 1806 ging die Leitung der Bank auf drei von der Regierung ernannte Gouverneure über.

Den Abschluß der Reorganisation der Finanzen bildete das Gesetz vom 7. Germinal XI (28. März 1803), das eine neue Währungseinheit schuf, den Franc. Die Doppelwährung wurde auf der Grundlage eines festen Wertverhältnisses von 1:15,5 zwischen dem Gold- und dem Silberwert aufrechterhalten und der Preis eines Grammes gemünzten Goldes auf 3,10 Francs festgesetzt. Der Franc wurde bestimmt durch den Wert seines Silbergehalts von 5 g Feinsilber – was einem tatsächlichen Feingehalt von neun Zehnteln (bzw. 0,322 g Gold) entsprach –, einem Wert, den er bis 1914 behalten sollte.

Innerhalb kurzer Zeit war es Bonaparte gelungen, die Revolution zu stabilisieren, indem er Frankreich mit den Institutionen versah, auf die es seit 1791 gewartet hatte und die die Vorherrschaft der revolutionären Bourgeoisie sicherstellten. Er drückte dem neuen Regime den Stempel der Charakteristika auf, die das Empire noch stärker betonen sollte: Zentralismus, Autoritarismus, Bürokratisierung. Das Ancien Régime hatte die Franzosen zu Untertanen, die Revolution hatte sie zu Bürgern gemacht; das Konsulat machte sie zu Untergebenen.

Die Befriedung des Inlands

Innerhalb von zwei Jahren gelang es Napoleon, das Landesinnere Frankreichs zu befrieden, indem er abwechselnd Zugeständnisse machte und repressive Maßnahmen anwendete und indem er sich zum Verteidiger der Ordnung gegen «Räuberunwesen» und «Anarchie» aufwarf. Noch vor der Veröffentlichung der Verfassung wurde das Gesetz über die Geiselnahme aufgehoben und am 24. November 1799 mit den Aufständischen der Vendée eine erste Waffenruhe vereinbart. Am 28. Dezember erhielten sie gegen die Garantie eines Waffenstillstands den Befehl, innerhalb von zehn Tagen die Waffen niederzulegen, und der von den Geistlichen geforderte Eid wurde durch eine schlichte Treueerklärung auf die Verfassung ersetzt. Am 17. Januar 1800 holte Bonaparte zu einem massiven Schlag gegen die Presse aus: 60 der 73 politischen Blätter in Paris wurde ein weiteres Erscheinen untersagt und für das gesamte Gebiet das Verbot ausgesprochen, neue Zeitungen zu gründen.

Die Aufgabe der inneren Befriedung konnte nur mühsam bewältigt werden, denn die Opponenten ließen sich nicht so ohne weiteres entwaffnen. Als Bonaparte sich zu seiner Armee nach Italien begeben mußte (Mai-Juli 1800), wurde deutlich, daß seine Macht noch nicht gefestigt war. Nur der Sieg über den äußeren Feind vermochte ihm letztlich zum Sieg über den inneren Gegner zu verhelfen. Zahlreiche Brumairianer und Ideologen hätten sich am liebsten die Hand abgehackt bei dem Gedanken, anläßlich des Staatsstreichs für Bonaparte die Kastanien aus dem Feuer geholt zu haben. Sie hatten Ämter erhalten, aber die wirkliche Macht entzog sich ihrem Zugriff. Nun waren sie bestrebt, zumindest seinen Aufstieg zu bremsen und ihm Hindernisse in den Weg zu legen, um selbst ans Ruder zu kommen. Sie konnten auf die Unterstützung bestimmter Angehöriger des Bonaparte-Clans zählen. Insbesondere auf die Luciens, der sich für seine Rolle vom 19. Brumaire schlecht belohnt fühlte. Gleichzeitig machte sich die Eifersucht der Militärs bemerkbar: Moreau, Bernadotte, Brune, Lecourbe und Jourdan sahen sich zu ihrem Mißfallen von Bonaparte weit überflügelt. Im Umkreis dieser Unzufriedenen waren auch Sieyès, Barras, Talleyrand und Fouché anzutreffen. Diese Opposition wurde bereits im Januar 1800 im Tribunat offenkundig, wo Benjamin Constant auf die Gefahren eines Regimes der Knechtschaft und des Schweigens hinwies. Bonaparte wurde ärgerlich, und alle kuschten. Die Opposition aus diesen Reihen hätte sehr gefährlich werden können, aber es gebrach ihr an Unterstützung durch das Volk.

Auf die royalistische Opposition traf das nicht zu; sie hatte sehr wohl Unterstützung, und zwar in dem seit Sommer 1799 wieder in Aufruhr befindlichen Westen. Hier beschloß Bonaparte einzuschreiten und schickte Brune mit 50000 Mann in die Bretagne; gleichzeitig führte er mit Hilfe von Bernier, einem Pfarrer aus Angers, Geheimverhandlungen und ließ gegenüber den abtrünnigen Chouans große Nachsicht walten. Die Mehrzahl der aufständischen Führer legte die Waffen nieder, und die Chouannerie schlief allmählich ein. Am 3. März 1800 wurde die Liste der Emigranten für geschlossen erklärt. Die royalistische Partei ließ sich jedoch selbst dadurch nicht beschwichtigen. Auf Jersey, in Schwaben und in Paris korrespondierten ihre Agenten untereinander und bereiteten Aufstände vor im Westen, im Süden und in Paris, wo es am 21. Januar 1800, dem Jahrestag der Ermordung des Königs, zu Demonstrationen gekommen war. Im übrigen glaubten manche Royalisten, Bonaparte würde sich dazu verstehen, einer Restauration den Weg zu ebnen, und es gelang ihnen, den Thronfolger von ihrer Meinung zu überzeugen; dieser wandte sich am 20. Februar und am 4. Juni brieflich an den Ersten Konsul und machte ihm die verlockendsten Angebote, wenn er der Wiederherstellung der Monarchie zustimmte.

Zu diesem Zeitpunkt, als der Feldzug von 1800 begann, war ein gewisses Schwanken der öffentlichen Meinung spürbar: Alles hing vom Ausgang des Krieges ab. Bonaparte war sich darüber im klaren, daß jede Niederlage seine Macht erneut in Frage stellen würde, und daß er dazu verurteilt war, stets siegreich zu sein. Die Brumairianer wurden wieder unruhig, und Madame de Staël wünschte, daß Bonaparte besiegt und dem Fortschritt der Tyrannei damit Einhalt geboten werden würde. Die Nachricht vom Sieg von Marengo – ein Triumph, dem offiziellen Bericht zufolge – brachte dem Ersten Konsul ein Mehr an Ruhm und Popularität ein. Bei seiner Rückkehr nach Paris jubelte ihm die – bislang gleichgültige, um nicht zu sagen (über die Brotteuerung) murrende – Bevölkerung der Vororte begeistert zu. Von diesem Augenblick an wurde er von den revolutionären Vororten von Paris stets am meisten gefeiert, und das blieb so bis zuletzt – ein harter Schlag für das Jakobinertum. Nun konnte er die Angebote Ludwigs XVIII. getrost zurückweisen: «Sie sollten sich nicht wünschen, nach Paris zurückzukehren, Sie müßten über Hunderttausende von Leichen gehen» (7. September 1800).

Am 29. Oktober 1800 wurden 52000 Namen von der Liste der Emigranten gestrichen, und zahlreiche Geistliche und Adelige kehrten zurück. Viele von ihnen traten in den Verwaltungsdienst und in die Armee ein, und man gab ihnen ihre Güter zurück, soweit diese nicht veräußert worden waren. Gleichzeitig erging der Befehl, dem Räuberunwesen im Westen ein Ende zu setzten. Die Armee Bernadottes erschoß 250 Chouans.

Damals neigten gewisse Brumairianer – insbesondere die ehemaligen Mitglieder des Clubs der Feuillants – der Meinung zu, Bonaparte müsse dazu gebracht werden, eine Monarchie ins Auge zu fassen, um die Stabilität des Regimes sicherzustellen. Er hielt es jedoch für verfrüht, sich völlig von den Republikanern zu lösen. Er maßregelte seinen Bruder Lucien – und enthob ihn seines Amtes als Innenminister –, weil dieser eine Schrift mit dem Titel *Parallèle entre César, Cromwell, Monk et Bonaparte* («Vergleich zwischen Caesar, Cromwell, Monk und Bonaparte») verbreitet hatte. Damit stellte Bonaparte sich selbst das wohlfeile Zeugnis eines Republikaners aus und erteilte seiner Familie, die recht lästig wurde, eine Verwarnung.

Man fragt sich, ob bei den vier zwischen August und Oktober 1800 aufgeflogenen jakobinischen Komplotten die Polizei ihre Hand mit im Spiel hatte. Zweifellos könnte das die Festnahmen erleichtert haben. Die Regierung plante die Ächtung der Jakobiner, und die royalistische Agitation lieferte ihr den Vorwand dazu.

Von der Bretagne aus hatte Georges Cadoudal einige Kundschafter nach Paris geschickt mit dem Auftrag, dort Anschläge zu organisieren. Am 3. Nivôse des Jahres IX (24. Dezember 1800) explodierte in der Rue Saint-Nicaise eine Höllenmaschine dicht neben dem fahrenden Wagen des Ersten Konsuls; dieser blieb unverletzt, aber es gab 26 Tote. Fouché wußte, daß es sich um einen Anschlag der Royalisten handelte, aber da Bonaparte den Jakobinern die Schuld gab, beugte er sich dessen Meinung. Eine Reihe bereits gefangengehaltener Jakobiner wurde guillotiniert oder erschossen. 130 Republikaner wurden ohne Urteilsspruch durch Senatsbeschluß auf die Seychellen deportiert. Kurz darauf wurden die an dem Attentat beteiligten Chouans Saint-Réjean und Carbon entdeckt, abgeurteilt und hingerichtet; aber die gegen die Jakobiner gerichteten Maßnahmen wurden keineswegs eingestellt, denn Bonaparte wollte eine Opposition zerschlagen, die der Staatsstreich nicht in die Knie zu zwingen vermocht hatte, und sich selbst den Augen Europas als Verteidiger der Ordnung präsentieren. Cadoudal suchte die Chouannerie in der Bretagne wieder zu beleben, aber sie

Napoleon nach der Schlacht von Marengo.
Gemälde von Antoine-Jean Gros. (Ausschnitt).

wurde von den Mobilkolonnen der Nationalgarde aufgerieben. Bonaparte begriff, daß der Royalismus nach wie vor die größte Gefahr darstellte und daß eine religiöse Befriedung unerläßlich war, wenn das Volk dem Royalismus entfremdet werden sollte.

In Italien und in Ägypten hatte Bonaparte die politische und soziale Bedeutung des religiösen Faktors in ihrer ganzen Tragweite erfahren. Deutlicher als die Ideologen, die die Spitzenpositionen innehatten, spürte er, daß, jenseits aller Unterschiede zwischen vereidigten und kirchentreuen Priestern, die Sehnsucht der Franzosen, unterstützt durch das Wiedererwachen der Religiosität, in dem Wunsch bestand, daß es nur mehr eine Messe und einen Klerus gäbe. Für Bonaparte war die Religion eine Sache der sozialen Ordnung. Von einem Einvernehmen mit Rom erhoffte er sich eine Stärkung seiner Autorität, indem er dem Royalismus dessen Anhängerschaft entzog und indem er die Kirche dazu benutzte, die Katholiken für sein Regime zu gewinnen und sie so zu fügsamen Untertanen zu machen.

Die Verhandlungen begannen nach Marengo und führten am 26. Messidor IX (15. Juli 1801) zum Ziel. Bonaparte bestand auf der Beibehaltung einer Reihe von Errungenschaften der Revolution: Glaubensfreiheit, Trennung von Kirche und Staat und vor allem auf der endgültigen Abschaffung des Zehnten, außerdem auf der Verpflichtung der Kirche, die Käufer von Nationalgütern nicht zu behelligen. Pius VII. bestätigte die kirchliche Neuorganisation, d. h. die Aufteilung in 60 Diözesen für 102 Departements. Er erreichte nicht, daß der Katholizismus als Staatsreligion anerkannt wurde (das gelang ihm in dem späteren Konkordat mit der Italienischen Republik, wo deren Präsident Bonaparte nicht mit einer so starken «ideologischen» Opposition rechnen mußte wie in Frankreich). Die Kirche erhielt eine Reihe von Vergünstigungen: Der Katholizismus wurde zur «Religion der Mehrzahl der Franzosen» erklärt, und die Regierung verpflichtete sich, den Bischöfen und Priestern «ein annehmbares Gehalt» zu zahlen. Ebenso wie es vor 1789 der König getan hatte, ernannte der Erste Konsul die Bischöfe, der Papst gab ihnen lediglich die kanonische Weihe. Ehe sie ihr Amt antraten, mußten Bischöfe und Pfarrer den Treueid auf die Verfassung leisten und schwören, «keine der öffentlichen Ruhe zuwiderlaufenden Beziehungen zu unterhalten», ja sogar jedes Unternehmen anzuzeigen, das «dem Staat zum Nachteil» gereichen könnte. Die Bischöfe wurden zu «Präfekten in Lila».

Die große Mehrheit des Volkes begrüßte das Konkordat, aber in den Kammern stieß es auf heftige Ablehnung und ebenso in der Armee, die eine starke Abneigung gegen die «Pfaffen» hatte. Um die antiklerikale Partei zu beschwichtigen und die Opposition im Tribunat umzustimmen, fügte Bonaparte dem Vertrag ein – ohne Wissen des Papstes abgefaßtes und daher von ihm nicht akzeptiertes – Gesetz mit der Bezeichnung «die organischen Artikel» hinzu, das es ihm ermöglichte, die Vorherrschaft des Staates über die Kirche zu unterstreichen. Diese Artikel entzogen den französischen Klerus weitestgehend der Autorität des Papstes, indem sie die Veröffentlichung von Bullen und Konzilsbeschlüssen sowie die Abhaltung kirchlicher Versammlungen der Genehmigung durch die Regierung unterwarfen. Sie machten die Ziviltrauung, die der kirchlichen Zeremonie vorausgehen mußte, zur Pflicht und ordneten in den Priesterseminaren die Unterweisung in der gallikanischen Erklärung von 1682 an. Um hervorzuheben, daß der Katholizismus nicht etwa wieder Staatsreligion geworden sei, wurde die protestantische Konfession offiziell anerkannt und ihre Organisation ebenfalls in organischen Artikeln festgelegt; auch die Pastoren erhielten ein Gehalt vom Staat.

Das Gesetz, das sowohl das Konkordat als auch die organischen Artikel umfaßte, wurde am 18. Germinal X (8. April 1802) verabschiedet. Das Konkordat bedeutete unbestreitbar eine Niederlage für die Ideologen. Indem es Bonaparte zum «Wiedererrichter der Altäre» machte, steigerte es seine Popularität, und indem es die große Macht, die die Kirche von Frankreich darstellte, dem Staat unterwarf, trug es zweifellos dazu bei, Bonapartes Autorität zu stärken.

Die allgemeine Befriedung (1800–1802)

Nachdem die am 25. Dezember 1799 an England und Österreich ergangenen Friedensangebote unbeantwortet geblieben waren, galt es zu kämpfen. Eine 60 000 Mann starke Reservearmee unter dem persönlichen Befehl Bonapartes wurde aufgestellt; aber von den 60 000 Einberufenen, die 1801–1802 nur mit Mühe eingezogen werden konnten, fanden sich lediglich 49 000 bei ihrem Corps ein; da man sich hütete, die Veteranen in den Ruhestand zu verabschieden, konnte eine recht ansehnliche Streitmacht aufgestellt werden. Dessen ungeachtet sah sich Bonaparte von Anfang an mit der Plage der Fahnenflucht konfrontiert. Vor Beginn des Feldzugs (April 1800) macht er zum ersten Mal Gebrauch von der Methode, die er bis zuletzt anwenden sollte: Er richtete eine Proklamation an die Franzosen, in der er ihnen mitteilte, daß er lediglich deshalb Krieg führe, um ihnen einen endgültigen Frieden zu sichern.

Die Reservearmee hielt sich zum Einmarsch in die Schweiz bereit, um von dort aus entweder zur Unterstützung Moreaus nach Deutschland vorzustoßen oder in Italien Masséna und Suchet beizustehen. Die österreichischen Erfolge auf der Halbinsel machten es notwendig, daß sie sich nach Italien in Marsch setzte. Um einen Überraschungseffekt zu erzielen, ließ Bonaparte seine – für ein solches Unterfangen sehr schlecht ausgerüsteten – Truppen den Großen Sankt Bernhard überqueren (14.–15. Mai 1800); indem er auf diese Weise die Österreicher in einem Bogen umging, zog er am 2. Juni in Mailand ein. Infolge der Unzulänglichkeit oder des Versagens seines Aufklärungskommandos (derartige Pannen sollten noch öfter vorkommen) zog er seine Truppen in südwestlicher Richtung auseinander, was zur Folge hatte, daß keine seiner Divisionen über genügend Artillerie verfügte. Am 14. Juni stieß er in der Ebene von Marengo auf die zahlenmäßig stark überlegenen Truppen des österreichischen Generals Melas. In den ersten Stunden des Gefechts glaubte Melas, er habe gesiegt, und sandte entsprechende Bulletins aus; als diese in Paris bekannt wurden, hielten die Opponenten ihre Stunde für gekommen. Aber am frühen Abend führte die Ankunft frischer Truppen unter General Desaix eine völlige Veränderung der Lage herbei und ermöglichte den Sieg Bonapartes. Bei Marengo gelang, was bei Waterloo fehlschlug. Der Erfolg kostete Desaix das Leben. Das *Bulletin de l'armée* vom 15. Juni war ein einziges Gewebe aus Unwahrheiten und Auslassungen, in dem Desaix' Rolle stillschweigend übergangen und Bonaparte als unfehlbar und unbesiegbar gefeiert wurde. Ein Waffenstillstand ermöglichte den Franzosen die Wiederbesetzung Piemonts sowie die Wiederherstellung der Cisalpinischen und der Ligurischen Republik.

Zum großen Verdruß Bonapartes wurde der entscheidende Sieg in Deutschland errungen. Moreau war in Bayern eingefallen und hatte München besetzt. Am 3. Dezember 1800 brachte er Erzherzog Johann bei Hohenlinden eine vernichtende Niederlage bei; damit war der Weg nach Wien frei. Auf diese Weise konnte er Österreich zwingen, Frieden zu schließen. Der Friedensvertrag wurde am 9. Februar 1801 in Lunéville unterzeichnet. Belgien und das linke Rheinufer wurden als französische Besitzungen anerkannt; darüber hinaus erhielt Frankreich – aufgrund der Entschädigungen, die den auf dem linken Rheinufer enteigneten weltlichen Fürsten rechts des Rheins gewährt werden mußten – weitgehende Möglichkeiten, seinen Einfluß in Deutschland auszudehnen. Österreich anerkannte die Batavische und die Helvetische Republik, die Satellitenstaaten Frankreichs, sowie die Cisalpinische und die Ligurische Republik, die Stützpunkte der französischen Hegemonie im Norden Italiens. Es behielt Venedig, mußte aber hinnehmen, daß Erzherzog Ferdinand dem Herzog von Parma, Schwiegersohn der mit Frankreich verbündeten spanischen Monarchen, die Toskana überließ (dafür trat Spanien Louisana an Frankreich ab). Bonaparte machte aus der Cisalpinischen Republik einen italienischen Staat und ließ sich am 25. Januar 1802 zu dessen Präsidenten wählen – ein erneuter Übergriff auf das Gebiet jenseits der Alpen, der den Frieden von Lunéville nur gefährden konnte.

Nachdem der Friede mit Rußland am 8. Oktober 1801 unterzeichnet worden war, hatte Frankreich auf dem Kontinent

Napoleon als Erster Konsul.
Gemälde von Antoine-Jean Gros.

keinen Gegner mehr. Da die natürlichen Grenzen berücksichtigt worden waren, war dies der siegreiche Friede, den das Volk erwartet hatte. Freilich mußte sich nun noch England diesem Frieden anschließen. Infolge seiner selbstherrlichen Anwendung der gegen Frankreich ergriffenen Blockademaßnahmen hatte sich auf Anregung Zar Pauls I. eine Liga der Neutralen gebildet, die Rußland, Schweden, Dänemark und Preußen umfaßte. England lief somit Gefahr, zwei wichtige Märkte, Deutschland und das Baltikum, zu verlieren. William Pitt trat im Februar 1801 zurück, und damit war ein wesentliches Hindernis für den Frieden beseitigt. Verhandlungen wurden eingeleitet, die ein Jahr lang dauerten.

England hatte am 25. September 1800 Malta besetzt. Die Kapitulation der französischen Ägypten-Armee (April 1801) und ein mit der Türkei unterzeichneter Friedensvertrag (Oktober 1801) gaben Großbritannien die Herrschaft über das Mittelmeer zurück, so daß es sich bei den Verhandlungen recht anmaßend verhielt. Im Hinblick auf eine Invasion zog Bonaparte in den Häfen des Ärmelkanals Truppen und Schiffe zusammen. Die öffentliche Meinung in England reagierte erschreckt, aber zweifellos nicht so sehr auf diese drohende Geste, als vielmehr auf die Auswirkungen einer schweren Wirtschaftskrise, hervorgerufen durch Mißernten und Inflation. Die Geschäftsleute drangen auf Frieden in der Hoffnung, daß dieser einen wirtschaftlichen Wiederaufschwung begünstigen würde. Im Vorfrieden von London (Oktober 1801) wurde eine Einigung erzielt und am 4. Germinal X (25. März 1802) durch den Frieden von Amiens bestätigt.

Frankreich erhielt die Antillen und die Handelsstationen in Indien zurück. England behielt Trinidad, das Tor zu Lateinamerika, und Ceylon, das Tor zu Indien (die beiden Inseln waren den französischen Verbündeten Spanien bzw. Holland weggenommen worden). Es versprach, Ägypten zu räumen und Malta an den Johanniter-Orden zurückzugeben. Aber wichtige Fragen waren stillschweigend übergangen worden: Was die Handelsbeziehungen anbelangte, hatte man keinerlei Abmachungen getroffen, und London erkannte weder die natürlichen Grenzen noch die Satellitenrepubliken Frankreichs an.

Zum ersten Mal seit zehn Jahren herrschte Friede in Europa. In Frankreich betrachtete man das als das alleinige Verdienst Bonapartes. Man erkannte nicht, daß die Verträge vieles im unklaren gelassen hatten, was die Zerbrechlichkeit dieses Friedens bald offenbaren würde. Acht Wochen nach dem Frieden von Amiens rief Bonaparte 60000 Wehrdienstpflichtige zu den Waffen.

Aus dem Bürger Bonaparte wird Napoleon Bonaparte

Die Wiederherstellung des Friedens, das den Unruhestiftern aufgezwungene Schweigen, die Beilegung der religiösen Streitigkeiten – alle diese Dinge bewirkten, daß der Erste Konsul enorm an Prestige gewann. Nun mußte er noch dort Erfolg haben, wo Ludwig XVI. und die Revolution versagt hatten: Er mußte das Problem der Versorgung und das der Arbeitslosigkeit lösen, die beide Anlaß zu Aufständen geben konnten, welche, indem sie andere Formen des Widerstands nach sich zogen, das Regime zu erschüttern vermochten. Im übrigen hatte er auch später stets ein wachsames Auge auf diese beiden Probleme.

Die Bewältigung der Wirtschaftskrise

Zwischen Frühjahr und Herbstanfang 1801 erreichte der Brotpreis schwindelnde Höhen, und die Arbeitslosigkeit grassierte in allen Industriezentren. In der Provinz setzten die Plünderungen wieder ein, und ein deutliches Nachlassen des Gemeinsinns machte sich bemerkbar. Bonaparte setzte den Rat, den er dem Vizepräsidenten der italienischen Republik, Melzi, gegeben hatte, in die Praxis um: Darauf zu achten, daß die Regierung in der Frage des Getreidepreises «stets die Proletarier gegenüber den Proprietären begünstigen muß». Er ergriff Maßnahmen, um den Brotpreis – vor allem in der Hauptstadt – zu senken: gesetzliche Regelung des Bäckerhandwerks, Getreidekäufe in Holland und Italien, strafrechtliche Verfolgung von Hamsterern.

Um die Arbeitslosigkeit zu bekämpfen, intensivierte er die Abwicklung eines nach Marengo begonnenen Programms öffentlicher Baumaßnahmen: Baubeginn der Simplonstraße, dann der Straße über den Mont Cenis und des Kanals von Saint-Quentin. Ebenso veranlaßte er die Durchführung einer ganzen Reihe von Projekten zur Verschönerung von Paris. Ende 1802 war die Versorgungskrise zum Stillstand gebracht, und die Arbeitslosigkeit ging deutlich zurück – Tatsachen, die die öffentliche Meinung zweifellos noch mehr beeindruckten als die Unterzeichnung des Friedens von Amiens.

Die Unterdrückung der republikanischen Opposition

Nach Marengo hatte sich die republikanische Opposition ruhig verhalten, ohne jedoch ihre Absichten aufgegeben zu haben. Nun meldete sie sich in den beratenden Versammlungen wieder zu Wort. Das Tribunat machte Schwierigkeiten bei der Abstimmung über die Einrichtung von Sondergerichtshöfen und übte heftige Kritik an dem geplanten Code civil. Was die Versammlungen anbelangte, richtete Bonaparte es so ein, daß die öffentliche Meinung auf eine anti-parlamentarische Haltung einschwenkte. Das Tribunat wurde vom Senat in der Form gesäubert, daß über die im Jahre X neu zu ergänzenden Mitglieder nicht, wie bis dahin üblich, das Los entschied, sondern daß der Senat die neuen Mitglieder namentlich bestimmte, so daß die oppositionellen Elemente – unter anderen Benjamin Constant und Danou – aus dem Gremium verschwanden. Kurz darauf wurde die Gesetzgebende Körperschaft auf dem gleichen Wege von ihren unbotmäßigsten Deputierten befreit. Am 1. April 1802 wurde das Tribunat in drei Sektionen aufgeteilt, die hinter verschlossenen Türen berieten. Madame de Staël, deren Salon den Ideologen als Hauptquartier diente, wurde aufgefordert, Paris zu verlassen. Auf diese Weise hörte die parlamentarische Opposition, die überdies keinerlei Rückhalt beim Volk hatte, auf, eine ernsthafte Gefahr zu sein.

Anders verhielt es sich mit der Opposition innerhalb der Armee. Die Eifersucht der Generäle auf einen der ihren, der erfolgreicher als sie gewesen war, hatte sich nicht gelegt, und die relativ zahlreichen Anhänger des Jakobinertums unter ihnen litten unter den Zugeständnissen, die den Gegnern der Revolution gemacht worden waren. Von April bis Juni 1802 wurden nicht weniger als vier Verschwörungen aufgedeckt, die entweder die Ermordung oder die Absetzung des Ersten Konsuls zum Ziel gehabt hatten, und in die unter anderen Bernadotte, Augereau, MacDonald, Masséna und Lecourbe verwickelt waren; sie hatten sich freilich wie Amateure benommen. Bonaparte zerstörte ihre Pläne. Vor dem Staatsrat verkündete er: «Niemals wird ein Militärregime in Frankreich Fuß fassen ... Ich stehe nicht an zu erklären, daß das Zivile eindeutig den Vorrang einnnimmt». Lecourbe wurde degradiert, MacDonald ebenfalls – er blieb bis 1809 ohne Verwendung –, Brune und Lannes wurden als Gesandte ins Ausland abgeschoben, Bernadotte wurde nach Plombières zur Kur geschickt, und die oppositionellen Generäle traten wieder in den Hintergrund.

Das Konsulat auf Lebenszeit

Seit Marengo und insbesondere seit dem Frieden von Amiens war bei den Notabeln und beim einfachen Volk eine ausgesprochen bonapartistische Tendenz festzustellen, in deren Rahmen eine neomonarchistische Strömung die Konsolidierung der Macht Bonapartes befürwortete; Bonaparte selbst, der das gleiche Ziel vor Augen hatte, machte sich diese Meinung nur allzu gern zunutze. Zuvor wollte er indes sein politisches Gebäude dadurch festigen, daß er, nach seinen Worten, «Granitbrocken» unter die «Sandkörner» (damit meinte er die französische Gesellschaft) schob. Er hoffte, durch den Einfluß, den die zwischen dem Regime und den Bürgern entstehenden Interessengemeinschaften auf die unteren Schichten ausüben würden, sich den Gehorsam seiner Untertanen zu sichern.

Um für die Zukunft vorzusorgen, wollte er, daß der Geist der neuen Generationen schon im jugendlichen Alter geformt werde. Diese Absicht war Gegenstand des Gesetzes vom 11. Floréal X (1. Mai 1802), durch das die Einrichtung von Gymnasien *(lycées)* angeordnet wurde und das darauf abzielte, den höheren Schulunterricht in die Hände des Staates zu legen. In der Vorstellung Bonapartes sollten diese Gymnasien die Erziehung der Notabeln-Söhne in eine dem Staat nützliche Richtung lenken, sie sollten die Schmieden der sozialen Kader – der künftigen Offiziere, Beamten und führenden Unternehmer – sein. Diese Anstalten hatten insgesamt 6400 Stipendiaten, darunter 2400 Beamten- und Offizierssöhne aufzunehmen. Da die Armen zu mittellos waren, um Stipendien beantragen zu können, vermochte nur das kleine und mittlere Bürgertum von der Möglichkeit Gebrauch zu machen, seine Söhne die soziale Leiter erklimmen zu lassen. Latein und Mathematik waren grundsätzlich die Hauptfächer, und der Religionsunterricht wurde auch nicht vernachlässigt. Die Disziplin war ganz und gar militärisch, ebenso das Tragen von Uniform. Der Erfolg der neuen Einrichtung stellte sich wegen der Konkurrenz durch die Privatschulen nicht sofort ein. Dennoch kam in der Schaffung der Gymnasien der Vorsatz des Ersten Konsuls klar zum Ausdruck, die Mentalität jener Schichten zu formen, die aufgerufen waren, das Gerüst des neuen Staates zu bilden.

Durch das Gesetz vom 28. Floréal X (18. Mai 1802) wurde die Ehrenlegion ins Leben gerufen. Mit ihr verwirklichte Bonaparte seine Absicht, mit dem neuen Regime einen Brauch in Einklang zu bringen, der sich unter dem alten bewährt hatte. In der Vorstellung ihres Gründers sollte die Ehrenlegion ein persönliches Band zwischen ihm und ihren Mitgliedern knüpfen; mithin war sie ein personalpolitisches Instrument. Auf lange Sicht sollte sie zur Wiedergeburt einer Elite beitragen, deren Frankreich in Bonapartes Augen bedurfte; diese Elite sollte eine republikanische Aristokratie sein, zugänglich für jedermann aufgrund besonderer Tüchtigkeit oder Verdienste. Die Mitglieder der Ehrenlegion mußten einen speziellen Eid ablegen, durch den sie sich verpflichteten, den Staat und die Gesellschaft zu schützen und «jedes Unternehmen zu bekämpfen, das die Wiederherstellung des Feudalregimes und der Titel, die dessen Attribute sind, zum Ziel hat». Trotz dieser Vorsichtsmaßnahme stieß der monarchische und aristokratische Charakter der neuen Einrichtung in den Versammlungen auf heftigen Widerstand.

Am 6. Mai 1802, als der Friede von Amiens dem Tribunat vorgelegt wurde, sprach dieses den Wunsch aus, Bonaparte «ein eindrückliches Zeugnis nationaler Dankbarkeit» zu geben. Zwei Tage später beschränkte der Senat sich darauf, «Napoleon Bonaparte» die vorgezogene Wiederwahl für zehn Jahre anzutragen; bei dieser Gelegenheit wurde sein Vorname zum erstenmal in einem offiziellen Dokument erwähnt. Verärgert ließ Bonaparte wissen, daß er seine Vollmachten nur vom Volk annehme; das war gleichbedeutend mit der Forderung nach einem Plebiszit. Dieses hatte jedoch nicht die vorgezogene Wiederwahl für zehn Jahre zum Gegenstand, sondern die Frage: «Soll Napoleon Bonaparte Konsul auf Lebenszeit sein?» Am 2. August 1802 veröffentlichte der Senat das Ergebnis: 8394 Nein-Stimmen, sechsmal mehr als im Jahre VIII, über die Hälfte davon aus der Armee, 3 508 895 Ja-Stimmen, 500 000 mehr als im Jahre VIII – allerdings war in der Zwischenzeit das linke Rheinufer annektiert worden.

Der Senatsbeschluß vom 14. Thermidor X (4. August 1802), fälschlich als Konstitution des Jahres X bezeichnet, paßte die Verfassung des Jahres VIII dem Konsulat auf Lebenszeit an. Der Erste Konsul erhielt das Recht, seinen Nachfolger sowie seine beiden Kollegen zu bestimmen, Verträge zu unterzeichnen, ohne sie von den Versammlungen diskutieren zu lassen, sowie das Begnadigungsrecht. Ihm zur Seite stand ein Persönlicher Rat – dessen zehn Mitglieder er ernannte –, der die Aufgabe hatte, die dem Senat vorzulegenden Senatsbeschlüsse vorzubereiten; damit wurde die Funktion des Staatsrats auf die einer einfachen Verwaltungsgerichtsbarkeit beschränkt. Der Senat erfuhr einen Zuwachs an Befugnissen: Er erhielt das Recht, die Verfassung durch organische Senatsbeschlüsse zu ergänzen und auszulegen, das Tribunat und die Gesetzgebende Körperschaft aufzulösen und die Urteile der Gerichte aufzuheben. Diese Erweiterung seiner Rechte mußte er mit einer verstärkten Kontrolle von oben bezahlen: Er erneuerte sich zwar weiterhin durch Kooptation, aber er mußte hinnehmen, daß der Erste Konsul 40 Senatoren zusätzlich aus einer von den Präsidenten der Wahlkollegien vorgeschlagenen Auswahl von Personen ernennen konnte. Um die gefügigsten Senatoren zu belohnen, wurden *«senatoreries»* geschaffen, und zwar jeweils eine in jedem Appellationsgerichtsbezirk, um die Zahl der Begünstigten im Rahmen zu halten; eine Senatorerie wurde vom Ersten Konsul auf Lebenszeit vergeben und bestand in einem prächtigen Wohngebäude sowie in Grundbesitz – aus eigens für diesen Zweck reservierten Nationaldomänen –, der einen jährlichen Ertrag von 20000 bis 25000 Francs abwarf. Die Gesetzgebende Körperschaft durfte keine regelmäßigen Sitzungen mehr abhalten oder ihren Präsidenten wählen, und die Zahl der Mitglieder des Tribunats wurde auf 50 reduziert.

Die «Verfassung» des Jahres X stellte einen jener «Granitbrocken» dar, die, wie Bonaparte hoffte, der Gesellschaft als Fundament dienen würden. Die Vertrauenslisten wurden durch Wahlkollegien ersetzt. Die aus allen Bürgern eines Kantons gebildete Kantonalversammlung wählte aus einer Liste der 100 höchstbesteuerten Bürger die Kandidaten für die Stadt- bzw. Gemeinderatsgremien und für die Friedensgerichte; sie bestimmte auf Lebenszeit jeweils die Mitglieder des Wahlkollegiums ihres Arrondissements sowie die Mitglieder des Wahlkollegiums ihres Departements (letztere aus der Liste der 600 höchstbesteuerten Bürger). Die Wahlkollegien der Arrondissements schlugen für jeden freien Sitz im Tribunat und in der Gesetzgebenden Körperschaft jeweils zwei Kandidaten vor (zwischen denen der Senat seine Wahl traf), die Wahlkollegien der Departements für jeden freien Sitz in den gesetzgebenden Versammlungen und im Senat ebenfalls jeweils zwei Kandidaten. Das allgemeine Wahlrecht wirkte sich nunmehr zum Vorteil der Grundbesitzer aus, da die Grundsteuer die bei weitem einträglichste Steuer war. Die Wahlkollegien wurden von gesellschaftlichen Gruppen beherrscht, deren Vermögen entweder ganz oder vorwiegend in Einkünften aus Grundbesitz bestand. Diese Gruppen umfaßten mithin sowohl die aus dem Ancien Regime überkommenen als auch die seitdem entstandenen Eliten, oder, allgemeiner ausgedrückt, einen hohen Prozentsatz von Bürgern, die in ihrer Eigenschaft als Grundbesitzer großen Wert auf Ordnung legten.

Die Konsolidierung seiner persönlichen Macht ermöglichte es Bonaparte, den Versammlungen die Annahme des

«Code civil des Français» aufzuzwingen, der am 21. März 1804 schließlich verabschiedet wurde, und dessen Ausarbeitung Bonaparte aufgrund seiner juristischen Kenntnisse ein ganz besonderes Interesse entgegengebracht hatte. Der Code civil ist das eindrucksvollste Symbol dessen, was die napoleonische Stabilisierung der Revolution bedeutete. Es wäre müßig, das Vorhandensein «reaktionärer» Elemente zu leugnen, d. h. das, was dem römischen Recht und den bislang gültigen Gebräuchen entnommen war – wie die Vormachtstellung des Ehemannes über die Ehefrau, des Vaters über die Kinder –, aber alles, was damals für das Wesentliche der Errungenschaften der Revolution gehalten wurde, hat in diesem Buch Platz gefunden. Zunächst die Säkularisierung des Rechts durch Ausklammern der Religion aus der bürgerlichen Gesetzgebung (standesamtliche Eheschließung). Sodann die feierliche Bestätigung aller in der Erklärung der Menschenrechte erwähnten Grundprinzipien: Freiheit der Person, Gleichheit aller Bürger untereinander und Abschaffung aller an die Person oder an eine Gruppe gebundenen Privilegien, freie Verfügung über das Eigentum und Unverletzlichkeit desselben – das damit gegen diejenigen geschützt werden sollte, die die «Ackergesetze» predigten –, gleichmäßige Erbteilung, Einhaltungspflicht freiwillig eingegangener Abmachungen. Der Code civil ist die zum Gesetz erhobene Revolution, mit dem Autoritätsprinzip und dem Prinzip der Erhaltung der Gesellschaft als Zugaben. Indem er die Abschaffung der auf dem juristischen Privileg basierenden Schichtung festschreibt, ermöglicht er, daß diese durch eine andere, auf den – von Rechts wegen für alle erreichbaren - Faktoren der wirtschaftlichen Macht und der Fortune basierende Schichtung ersetzt wird. Die Lohnempfänger wurden juristisch benachteiligt; in der Tat verfügte Artikel 1781, daß in Lohnangelegenheiten «das Wort des Arbeitgebers gilt». Durch im April und Dezember 1803 erlassene Gesetze waren das Koalitions- und das Streikverbot erneuert sowie das obligatorische Führen eines Arbeitsbuchs angeordnet worden, das den Lohnempfänger der Kontrolle durch die Behörden unterwarf.

Indem der Code civil der Entwicklung der französischen Gesellschaft seit 1789 Rechnung trug und zugleich das Autoritätsprinzip und das Prinzip der Erhaltung der Gesellschaft triumphieren ließ, wirkte er wie ein Kompromiß zwischen dem alten und dem neuen Regime, und das zu einem Zeitpunkt, zu dem man die Umwandlung des neuen Regimes in eine erbliche Monarchie zu erörtern begann.

Aus Napoleon Bonaparte wird Napoleon I.

Der Friede von Amiens war einer der größten Erfolge Napoleons und trug viel dazu bei, sein Prestige zu festigen. Der Bruch dieses Friedens und das Wiedereinsetzen royalistischer Komplotte ermöglichten es Bonaparte, seine Machtvollkommenheit in eine erbliche Monarchie umzusetzen.

Die Anfänge des Kontinentalsystems

Napoleon selbst verwendete in seiner Regierungszeit den Ausdruck «Kontinentalsystem» gewissermaßen als Sammelbegriff für die komplexe Politik, die er in Europa verfolgte. Von Anfang an war er der Ansicht, daß Frankreich erst dann seine Ruhe haben würde, wenn es keinen Gegensatz mehr zwischen der Revolution und dem Ancien Régime in Europa gäbe. Um das zu erreichen, wollte er zwischen Frankreich und den Kontinentalmächten ein Glacis verbündeter Länder schaffen in der Hoffnung, daß jeder Staat des Kontinents mit der Zeit seine Institutionen und sein Sozialgefüge von Grund auf umwandeln und nach dem Vorbild des postrevolutionären Frankreich gestalten würde. Die Gründe für die Schaffung des Kontinentalsystems waren auch wirtschaftlicher Natur. Als Anhänger des Merkantilismus glaubte Bonaparte, das Gedeihen Frankreichs erfordere, daß seine Zahlungsbilanz stets Überschüsse ausweise, und daß er deshalb Frankreichs Kolonialwarenhandel (ein Erbe des Ancien Régime) wieder zu seiner einstigen Blüte verhelfen sowie Frankreichs Industrie vor der Konkurrenz durch das Ausland schützen und ihr Absatzmärkte (ein Erbe des Direktoriums) sichern müsse.

Um der Sicherheit Frankreichs willen weigerte sich Bonaparte, seine Truppen aus Holland abzuziehen, und verhinderte zugleich, daß Holland sich den Verpflichtungen seines Angriffs- und Verteidigungsbündnisses mit Frankreich entzog.

In Deutschland ermöglichte die Regulierung der Entschädigungen, die den auf dem linken Rheinufer enteigneten Fürsten zustanden, eine Verstärkung der Einflußnahme Frankreichs. Ein russisch-französischer Plan wurde dem Reichstag unterbreitet, der ihn am 25. Feburar 1803 durch den Reichsdeputationshauptschluß ratifizierte. Alle von Frankreich unterstützten weltlichen Staaten – Preußen, Bayern, Württemberg und Baden – wurden, weit über ihre Verluste hinaus, auf Kosten der geistlichen Fürstentümer und der freien Reichsstädte entschädigt. Die Zahl der deutschen Staaten verringerte sich um die Hälfte; es gab nur noch einen einzigen geistlichen Kurfürsten, den Fürstbischof von Mainz, dessen Sitz nach Regensburg verlegt wurde. Von den 51 freien Reichsstädten blieben nur mehr sechs übrig. Bonaparte schuf auf diese Weise ein «durchschnittliches» Deutschland, gebildet aus Staaten wie Bayern, Baden und Württemberg, die zusammen stark genug waren, um Preußen und Österreich in Schach zu halten, aber auch wieder zu schwach, um ohne französische Unterstützung auszukommen.

Am 19. Februar 1802 zwang Bonaparte den Schweizern die Mediationsakte auf, die ihr Land zu einer Konföderation machte, bestehend aus 19 juristisch gleichgestellten Kantonen, von denen jeder seine eigenen, häufig das Patriziat privilegierenden Institutionen besaß. Die neue Verfassung wurde der Gewährleistung des Ersten Konsuls unterstellt, der sich außerdem um die Schweizer Außenpolitik kümmerte. Die Konföderation mußte einen Bündnis- und Verteidigungsvertrag für die Dauer von 50 Jahren unterzeichnen.

In Italien räumte Bonaparte zwar die neapolitanischen Häfen und den Kirchenstaat, aber am 15. September 1802 wurde Piemont von Frankreich annektiert. Im Januar 1802 war die Cisalpinische Republik in die Italienische Republik umgewandelt worden mit Bonaparte als Präsidenten. Er gab ihr eine an der Verfassung des Jahres VIII orientierte Konstitution, aber ohne das allgemeine Wahlrecht; das Konkordat, das er für sie unterzeichnete, erkannte den Katholizismus als Staatsreligion an. Der Ligurischen Republik diktierte er eine Konstitution, die sie zum Protektorat machte, was ihr durch die Anwesenheit einer französischen Militärbesatzung drastisch vor Augen geführt wurde. Dank Bonaparte kam Louis de Bourbon, Herzog von Parma und Schwiegersohn des Königs von Spanien, in den Besitz der Toskana, die er zum Königreich Etrurien erhob. Er trat die Insel Elba an Frankreich ab (1802) und mußte den Unterhalt der französischen Garnisonen übernehmen. Beim Tode des Herzogs von Parma wurde sein Staat besetzt und zu einem autonomen Gebiet unter einem französischen Kommissar erklärt (Oktober 1802).

Die Pufferstaaten mußten die Stationierung französischer Truppen dulden. Manche hatten Frankreich Truppenkontingente zu stellen wie die Schweiz, die 1802 auf ein Kontingent von 16000 Mann «veranlagt» wurde. Im Jahre 1802 wurde die Wehrpflicht in der Italienischen Republik eingeführt, um die Rekrutierung einer Armee von 24000 Mann sicherzustellen. Die Satellisierung ihrer Länder war nicht immer nach dem Geschmack der einheimischen Patrioten.

Gleichzeitig wurden die mit dem Kontinentalsystem in Zusammenhang stehenden wirtschaftlichen Vorkehrungen getroffen, die darauf abzielten, Frankreich zur führenden Wirtschaftsmacht in Europa zu machen. Bonaparte wollte Frankreich wieder zu seinem Verteilungsmonopol tropischer Produkte verhelfen. Nach Unterzeichnung des Friedens von Amiens war Frankreich Besitzer eines Kolonialreichs von weit größerer Ausdehnung als 1789; durch den Friedensvertrag erhielt es die von den Engländern besetzten Kolonien zurück, Spanien hatte ihm Louisana abgetreten (März 1801), und dank Toussaint-Louverture hatte es sich der östlichen Hälfte Santo Domingos bemächtigen können. In der durch den Krieg und die sozialen Umwälzungen heruntergekommenen Besitzung wollte Bonaparte die Verwaltungseinrichtungen des Ancien Régime wiederherstellen und die Sklaverei wiedereinführen (Gesetz vom 17. Mai 1802); das hatte jedoch den Aufstand der Schwarzen auf Santo Domingo und den Verlust dieser Kolonie zur Folge. Auf wirtschaftlichem Gebiet griff man auf das System des Kolonialpakts zurück;

die Kolonialwaren englischer Herkunft blieben somit in Frankreich verboten. Bonaparte zog die Gründung eines großen, sich von Guayana bis Louisiana erstreckenden amerikanischen Reiches in Betracht. Der Erwerb Louisianas und die Expeditionen zur Rückeroberung von Santo Domingo und Guadeloupe verärgerten indes die Vereinigten Staaten und England. Im April 1803, als der Krieg mit Großbritannien erneut auszubrechen drohte, erkannte Bonaparte, daß Louisiana ohnehin verloren wäre, und verkaufte es an die USA.

Der Nahe Osten, von dem Frankreich Baumwollstoffe aus Mazedonien und Smyrna bezog, war ein weiterer Lieferant von Kolonialerzeugnissen. Der 1802 mit der Türkei unterzeichnete Vertrag öffnete dem französischen Handel wieder das Schwarze Meer. Dank der französisch-türkischen Annäherung konnte Frankreich bis 1815 seine Baumwollstoffe aus dem Orient auf dem Weg über den Balkan beziehen. Im Bestreben, die Sicherheit der Schiffahrt zu gewährleisten und den französischen Handel zu ermutigen, wurden auch Abkommen mit den Barbareskenstaaten geschlossen.

Frankreich stellte die Einfuhr ausländischer Erzeugnisse unter ein quasi-Verbot. Nach Anhörung der französischen Fabrikanten weigerte sich Bonaparte, den englisch-französischen Handelsvertrag von 1796 zu erneuern und das Gesetz vom 10. Brumaire V (31. Oktober 1796) aufzuheben, das alle im Ausland hergestellten Produkte verbot. Der Erste Konsul unternahm somit alles, was in seiner Macht stand, um der französischen Industrie das Monopol über den Binnenmarkt zu sichern und um ihre Absatzmärkte auf dem Kontinent auszudehnen. Im Zuge dieser Politik hielt er an den während der Revolution unterzeichneten Verträgen fest, die – ohne auf Gegenseitigkeit zu beruhen – in bestimmten deutschen Staaten und in der Cisalpinischen Republik französischen Produkten den Vorzug einräumten, und unterzeichnete ähnliche Abkommen mit Portugal und der Türkei.

Die Wiederaufnahme des Krieges

Die Eingriffe Frankreichs in Europa beunruhigten Österreich, dessen Einfluß in Deutschland stark im Schwinden begriffen war, Rußland, das in der französisch-türkischen Annäherung ein Hindernis für seine eigenen ehrgeizigen Vorhaben erblickte, und vor allem England, das über die Annexionen in Italien verstimmt war. Die Verstimmung Londons wurde außerdem genährt durch die französische Zollpolitik, durch die Aktivitäten, die Frankreich im Mittelmeer entfaltete, und durch ganz bestimmte Initiativen Bonapartes: die Entsendung Sébastianis nach Ägypten und Syrien, die Baudins nach Australien, die Reise Cavaignacs nach Mascate und die Ernennung von Decaen zum Generalkapitän der indischen Handelskontore – das alles ließ immerhin den Gedanken naheliegend erscheinen, daß sich etwas gegen Ägypten oder Indien zusammenbraute. Angesichts dieser Vorkommnisse, die England als Provokationen betrachtete, unternahm es eine Annäherung an Rußland.

Die Initiative zum Bruch kam von London, das sich weigerte, den Bestimmungen des Friedens von Amiens nachzukommen und Malta zu räumen. Am 15. März 1803 erklärte die englische Regierung, die Insel behalten zu wollen als Gegenleistung für die Anerkennung der französischen Eroberungen. Am 26. April stellte sie, im Vertrauen auf die Unterstützung des Zaren, ein Ultimatum. Am 12. Mai verließ ihr Botschafter Paris. Am 16. ließ sie alle in ihren Häfen ankernden französischen und holländischen Schiffe beschlagnahmen, und am 23. Mai erklärte sie Frankreich den Krieg.

So lange, bis es England gelang, auf dem Kontinent eine Koalition auf die Beine zu stellen, lieferten sich die beiden Gegner in erster Linie einen erbitterten Wirtschaftskrieg. Um die öffentliche Meinung in England einzuschüchtern, zog Bonaparte an den Küsten des Ärmelkanals und der Nordsee 150000 Mann und 1200 flachgehende Schiffe zusammen. Die im März 1803 angeordnete Einberufung von 60000 Rekruten des Wehrdienstpflicht-Jahrgangs XII stieß auf Schwierigkeiten, vor allem in den Küstengebieten, deren Handel unter dem Bruch mit England litt. Großbritannien setzte den französischen Handelsschiffen hart zu und unternahm außerdem siegreiche Angriffe auf die Antillen-Kolonien und Guayana. Um den englischen Schmuggel zu bekämpfen, hatten die Franzosen bereits im April 1803 Vlissingen und Nord-Brabant besetzt und besetzten im Juni das britische Hannover. Kurz darauf wurden durch handelsgerichtliche Beschlüsse die französischen und deutschen Häfen für Güter aus England und dessen Kolonien geschlossen und neutrale Ladungen nur gegen Zertifikate, die sie als aus anderen Ländern stammend auswiesen, zugelassen. Um die Küsten des östlichen Mittelmeers für den englischen Handel zu sperren, besetzte Marschall Gouvion Saint-Cyr die Hafenstädte Otranto, Brindisi und Tarent. Alle in der Italienischen Republik aufgefundenen britischen Waren wurden beschlagnahmt. Durch diplomatischen Druck erreichte Bonaparte, daß sie auch in Holland, Spanien und Portugal verboten wurden.

Das englisch-royalistische Komplott des Jahres XI

Während England darauf wartete, Frankreich eine Koalition auf dem Kontinent entgegensetzen zu können, leistete es den Royalisten Beihilfe, die den Ersten Konsul umbringen wollten. Im August 1803 setzte ein englisches Schiff Georges Cadoudal an der normannischen Küste ab, während im Westen royalistische Banden ihre Aktivitäten wiederaufnahmen. Cadoudal hatte Komplizen in der Umgebung des Grafen von Artois (des Bruders Ludwigs XVI.), des Herzogs von Berry (seines Sohnes) und des Prinzen von Condé (eines nahen Verwandten). Pichegru und Moreau gehörten ebenfalls zu den Verschwörern. In Paris stellte Cadoudal einen Stoßtrupp zusammen, der der Konsulargarde gewachsen war. Im Januar 1804 stießen Polignac und Pichegru zu Cadoudal. Die Verschwörung flog auf. Moreau wurde verbannt, Pichegru in seiner Gefängniszelle stranguliert aufgefunden, Cadoudal mit zwölf seiner Komplizen hingerichtet. In der Nacht vom 14. auf den 15. März 1804 ließ Bonaparte den Herzog von Enghien, Sohn des Prinzen von Condé, aus Ettenheim im neutralen Baden entführen und nach Vincennes bringen, wo er am 21. März standrechtlich abgeurteilt und erschossen wurde als «Emigrant, vom Ausland bezahlt, um in Frankreich einzufallen». Von da an trennte ein «Graben voll Blut» Bonaparte von den Bourbonen. Bis zu seinem

Tode nahm er für sich in Anspruch, allein für dieses Verbrechen verantwortlich zu sein.

Die Errichtung des Kaiserreichs (1804)

Das englisch-royalistische Komplott rief große Aufregung hervor und ließ unter den Brumairianern die neomonarchistische Strömung erstarken, deren Programm der spätere Außenminister Champagny bereits 1801 gewissermaßen auf den Punkt gebracht hatte: «Wir brauchen einen König, der König ist, wie ich Grundbesitzer bin, der eine Krone hat, wie ich einen Posten habe. Um die Revolution zu beenden, brauchen wir also einen König, der aus ihr hervorgegangen ist und der seine Rechte von den unseren ableitet». Man wünschte sich somit eine Monarchie, um das Werk der Revolution zu konsolidieren, und man erwartete, daß die Erblichkeit potentielle Verschwörer entmutigen würde. Im Staatsrat, von Cambacérès zur Frage der Erblichkeit konsultiert, waren von den 27 abgegebenen Stimmen nur 7 dagegen. Am 30. April 1804 brachte Curée, ein ehemaliger Königsmörder – der nach dem Tode des Herzogs von Enghien erklärt hatte: «Ich bin entzückt, Bonaparte hat sich zum Konvent gemacht» –, den Vorschlag ein, Bonaparte zum Kaiser der Republik auszurufen und die Kaiserwürde in seiner Familie für erblich zu erklären. Nur Carnot widersetzte sich diesem Vorschlag, der nunmehr an den Senat weitergeleitet wurde.

Dieser verfaßte den Senatsbeschluß vom 25. Floréal des Jahres XII (18. Mai 1804), unkorrekt als die Konstitution des Jahres XII bezeichnet. «Die Regierung der Republik wird einem Kaiser anvertraut, der den Titel Kaiser der Franzosen trägt... Napoleon Bonaparte, derzeit Erster Konsul der Republik, ist Kaiser der Franzosen.» Mit dem Kaisertitel vermied man den Titel eines Königs, den der künftige Monarch nach zehn Jahren Revolution schwerlich hätte tragen können. Weitere Artikel regelten die Reihe der Thronfolge und leiteten die Einführung einer neuen Aristrokratie in die Wege; vorgesehen waren sechs Großwürdenträger, sechs Großoffiziere der Krone und die Würdenträger des Reiches, zu denen die später ernannten Marschälle gehören sollten.

Die Weihe Kaiser Napoleons und die Krönung der Kaiserin Joséphine in der Kathedrale Notre-Dame. 2. Dezember 1804. Gemälde von Jacques Louis David. (Ausschnitt).

Napoleon erhielt das Recht, eine unbegrenzte Anzahl von Senatoren zu ernennen. Gemäß Artikel 53 mußte er den Eid ablegen, «die Unversehrtheit des Hoheitsgebiets der Republik zu erhalten, die Gesetze des Konkordats und die Religionsfreiheit, ... die Gleichheit der Rechte, die politische und die bürgerliche Freiheit, die Unwiderruflichkeit des Verkaufs der Nationalgüter zu respektieren und dafür zu sorgen, daß sie respektiert werden». Das Kaiserreich war somit eine durch einige aus dem Jahre 1789 stammenden Prinzipien und Rechte eingeschränkte Monarchie. Ein Plebiszit, das nicht etwa die Kaiserwürde, sondern deren Erblichkeit zum Gegenstand hatte, ermöglichte es dem neuen Regime, sich auf die Legitimierung durch das Volk zu berufen. Das im November 1804 veröffentlichte Resultat ergab 2579 Nein- und 3 572 329 Ja-Stimmen.

Zweck der von Napoleon gewünschten Weihehandlung war, seine Monarchie auch durch das göttliche Recht zu legitimieren. Vom Papst gesalbt zu werden bedeutete außerdem, die Bourbonen zu übertrumpfen. Am 2. Dezember 1802 fand in Notre Dame eine dreifache Zeremonie statt: die Salbung nach dem traditionellen Ritual, die Napoleon zum Gesalbten des Herrn machte, die Selbstkrönung Napoleons und das Ablegen des Eides, nachdem Pius VII. sich zurückgezogen hatte, um das Gelöbnis, die organischen Artikel zu respektieren, nicht hören zu müssen.

Gemäß Senatsbeschluß war Napoleon Kaiser der Franzosen «von Gottes Gnaden und aufgrund der Konstitutionen der Republik». Die Formel «aufgrund der Konstitutionen der Republik» tauchte zum letzten Mal in einem Dekret vom 28. Mai 1807 auf. Erst am 1. Januar 1809 wurden auf den Münzen die Worte «République française. Napoléon Empereur» durch den Begriff «Empire français» ersetzt.

Am 9. März 1805 verlieh die in Paris zusammengetretene italienische Consulta Napoleon den Titel eines Königs von Italien; am 26. setzte er sich im Dom zu Mailand die neue Krone aufs Haupt. Diese Umwandlung der Italienischen Republik wurde von keiner Volksbefragung bestätigt. Napoleon hatte sich somit von der revolutionären Theorie des «Vertrags» abgekehrt.

Drittes Kapitel

Der Eroberungszug des Kaisers (1804–1809)

Außenpolitisch war Napoleon an drei Fronten gefordert: Er mußte, gemäß dem anläßlich der Krönung abgelegten Eid, das Staatsgebiet der Republik unversehrt erhalten, er mußte den Sieg über England davontragen, und er mußte das Kontinentalsystem ins Werk setzen. Hinzu kamen die Verpflichtungen, die er in seinen Eigenschaften als König von Italien, als Mediator («médiateur») der Schweizer Eidgenossenschaft und, seit 1806, als Protektor des Rheinbundes übernommen hatte. Wäre England neutral geblieben, würde er sich wahrscheinlich bemüht haben, sein System auf friedlichem Wege auf Europa auszudehnen. Der Krieg gegen England bewog ihn, die Kontinentalsperre zu verhängen. Er sah sich veranlaßt, europäische Throne mit Angehörigen seiner Familie zu besetzen, weil er glaubte, daß sie gewissenhafter als andere sowohl die Sperre als auch die mit dem Kontinentalsystem verbundenen Reformen durchführen würden. Als das spanische Volk einen «Napoleoniden» als König ablehnte, mußte er sich zu dem Entschluß durchringen, es zu bekriegen. Das Kontinentalsystem und vor allem dessen wirtschaftliche Aspekte verleiteten ihn dazu, die europäischen Staaten wie «Kolonien» des Kaiserreichs zu betrachten, während der Kampf gegen England erforderte, daß er sie als Frankreich ebenbürtig behandle. Die gleichzeitige Verfolgung verschiedener Ziele und die zwischen diesen bestehenden Widersprüchlichkeiten machen eine «einheitliche» Erklärung der napoleonischen Außenpolitik äußerst schwierig; diese war daher in der Vergangenheit Gegenstand der unterschiedlichsten Interpretationen, deren jede ein Körnchen Wahrheit enthält.

Der Erste Konsul zog sein Schwert am 20. Mai 1803, der Kaiser steckte es, gegen seinen Willen und unter Zwang, erst am 4. April 1814 in die Scheide zurück. Die Feindseligkeiten wurden am 13. Mai 1815 noch einmal aufgenommen und am

22. Juni eingestellt. Napoleon hat während seiner ganzen Regierungszeit Krieg geführt.

Der Feldherr: Tradition und Innovation

Was die Rekrutierung der Armee anbelangt, führte Napoleon keine Neuerungen ein. Zu einer Zeit, da es beim Kriegführen auf die zahlenmäßige Kampfstärke ankam, verschaffte er sich die notwendigen Truppen mit Hilfe des 1798 in Kraft getretenen Gesetzes über die Wehrpflicht – das jedoch zahlreiche Befreiungen gewährte –, wonach alle jungen Franzosen zwischen dem 20. und dem 25. Lebensjahr zum Militärdienst eingezogen wurden. In dem Maße, in dem die Einberufenen aus annektierten Departements der kaiserlichen Armee einverleibt wurden, verlor diese zunehmend ihren national-französischen Charakter. Leider läßt sich der tatsächlich mobilisierte Personalbestand nicht exakt ermitteln. Die einzigen genauen Zahlenangaben, die wir besitzen, beziehen sich auf die der Regierung zur Verfügung stehenden Kontingente: Unter dem Kaiserreich wurden insgesamt 2 100 000 Rekruten eingezogen; hinzu kamen die zwischen 1801 und 1804 einberufenen 185 000 und die aus früheren Einberufungen stammenden 170 000 Mann. In diesen Zahlen sind jedoch weder die Freiwilligenmeldungen noch die Entlassungen wegen Verwundung, Dienstunfähigkeit oder Erreichen des Ruhestandsalters und ebensowenig die Verluste durch feindliches Feuer, Krankheit oder Fahnenflucht berücksichtigt.

Sieht man vom Jahre 1813 (900 000 Einberufene) ab, so fanden die zahlenmäßig umfangreichsten Einberufungen 1808 (240 000 Mann) und 1812 (257 000 Mann) statt; ihre jeweilige Stärke liegt erheblich unter der der letzten Aushebung des Direktoriums im Jahre VII – 412 000 Rekruten aus nur 98 Departements. Im Jahre 1809 (Wagram) wurden lediglich 76 000 Wehrdienstpflichtige einberufen, und zwischen Oktober 1809 und Dezember 1810 wurde niemand eingezogen. Diese Zahlen sind im Verhältnis zur Gesamtbevölkerung des Kaiserreichs äußerst niedrig. Der höchste Anteil der Einberufenen an der Gesamtbevölkerung wurde 1813 erreicht und betrug 2,85%; er liegt noch unter den 4,17% des Jahres 1794, die immerhin nur innerhalb der Grenzen des alten Frankreich ausgehoben worden waren. Die Grande Nation war keine Nation von Soldaten: Von 1800 bis 1814 standen lediglich 5,77% der Gesamtbevölkerung unter Waffen. (Das Frankreich von 1914 sollte innerhalb von 52 Monaten 20% seiner Gesamtbevölkerung zu den Waffen rufen.) Obwohl man 1807 dazu überging, die jährlichen Kontingente – mit Ausnahme der Wehrdienstpflicht-Jahrgänge 1811 und 1812 – jeweils im voraus einzuberufen, und obwohl man seit 1808 Nicht-Einberufene älterer Jahrgänge einzog, wurde niemals, noch nicht einmal 1813, ein einzelner Jahrgang vollzählig eingezogen. Von den umfangreichsten Aushebungen war höchstens die Hälfte der Wehrpflichtigen eines Jahrgangs betroffen (so etwa 53,32% des Wehrdienstpflicht-Jahrgangs 1813). Bis zum Ersten Weltkrieg (80% eines Jahrgangs) war noch ein weiter Weg.

Dessen ungeachtet stieß die Einberufung zum Wehrdienst auf lebhaften Widerstand beim Volk. In der Tat schonte das System den Klerus und die wohlhabenden Schichten, da ab 1802 die bezahlte Ersatzgestellung zulässig war. Auch konnte man sich seinen Verpflichtungen ganz legal dadurch entziehen, daß man heiratete. Infolgedessen stieg der Prozentsatz der Eheschließungen von 7,3% im ausgehenden Ancien Régime zunächst auf 7,9% im Jahre 1801 und schließlich auf 12,9% im Jahre 1813, d. h. auf den höchsten Stand, der je in Frankreich erreicht wurde. Neben den Heiratswilligen suchten sich noch zwei weitere Gruppen dem Dienst zu entziehen: die Dienstverweigerer und die Deserteure. Unter dem Kaiserreich war die Flucht vor der Einziehung weniger stark als unter dem Konsulat: Auf die Aushebungen der Jahre IX und X (22. September 1800 bis 21. September 1802) kamen 13% Dienstverweigerer, auf die Aushebung des Jahres X (22. September 1801 bis 21. September 1802) 8,2% und auf die von 1806 nur noch 1,6%. Der Prozentsatz der Deserteure scheint noch niedriger gewesen zu sein; aber die Tatsache, daß sich über Jahre hinweg jeweils kleinere Fehlbestände von Dienstverweigerern und Deserteuren ansammelten, führte schließlich dazu, daß der Prozentsatz der Ausgebliebenen insgesamt verhältnismäßig hoch war, nämlich 22,4% in den Jahren 1801 bis 1805 und 30,4% in den Jahren 1802 bis 1814.

Es geschah nicht immer aus Feindseligkeit gegenüber dem Regime, daß die Leute versuchten, der Wehrpflicht zu entkommen. Trotzdem wird jeder Dienstverweigerer, sobald er sich außerhalb des Gesetzes begibt, zu einem Opponenten. Und hier läßt sich eine auffallende Übereinstimmung feststellen: Zonen starker Wehrdienstverweigerung waren die neuen Departements – mit Ausnahme der linksrheinischen Gebiete – sowie, im alten Frankreich, Korsika und die von der Unterbrechung des Seehandels betroffenen Küstenregionen, mit anderen Worten, die Wehrdienstverweigerung fand im großen und ganzen vorwiegend innerhalb der royalistischen «Mondsichel» statt, die später der Rückkehr von der Insel Elba feindlich gegenüberstand und deren verdicktes Mittelstück dem Schauplatz der Aufstände des Westens entsprach. Wegen der zunehmend umfangreichen und kürzer aufeinanderfolgenden Aushebungen angesichts eines immer mörderischeren Krieges, der jede Hoffnung auf Entlassung nach den gesetzlich vorgeschriebenen fünf Jahren Dienstzeit schwinden ließ, wurde der Militärdienst zunehmend unpopulär. «A bas la conscription et les droits réunis!», riefen die Leute im Jahre 1814 und verurteilten damit unterschiedslos das Rekrutierungssystem und die indirekten Steuern.

Napoleon forderte die Beteiligung der Satellitenstaaten, ja sogar die seiner gelegentlichen Verbündeten Preußen und Österreich. Nach Austerlitz und vor allem nach Tilsit mußte das Ausland ganze Armeen für ihn bereitstellen, die jedoch von der kaiserlichen Armee getrennt blieben und nicht etwa in ihr aufgingen. Bis 1814 stellte die Cisalpinische Republik bzw. das Königreich Italien 218000 Mann, das Königreich Neapel unter Joseph Bonaparte und später unter Murat 60000. Josephs Spanien mußte ein ständiges Kontingent von 15000 Mann unterhalten, der Rheinbund ein Kontingent von 60000, das später auf 120000 erhöht wurde, die Schweiz ein Kontingent von 10000, Louis Bonapartes Holland ein

Kontingent von zunächst 25000, dann 36000 Mann. Junot warb Portugiesen an, und die Polen waren ebenfalls sehr zahlreich vertreten.

Was die Ausbildung betraf, so pflegte Napoleon an der Methode einer fortlaufenden «Verschmelzung» festzuhalten, d. h. die Rekruten stets an die Seite der kampferprobten Veteranen zu stellen; bei den letzteren handelte es sich um die Soldaten der Revolution, letztlich um die Altgedienten der königlichen Armee, die dem Kriegshandwerk treu geblieben waren, und denen sich die zwischen 1792 und 1799 Eingezogenen hinzugesellt hatten – ihre Zahl belief sich im Jahre 1803 immerhin noch auf insgesamt 170000 Mann. Lediglich im Lager von Boulogne erhielten die Eingezogenen eine ordentliche Ausbildung, ehe sie ins Gefecht geschickt wurden. In dem Maße, in dem die Zahl der Veteranen abnahm und die der jungen Einberufenen wuchs, ließ die Qualität der Truppen mit der Zeit schließlich zu wünschen übrig. Seit 1809 machte sich der Mangel an Ausbildung in einer geringeren Beweglichkeit bzw. Manövriertauglichkeit der Truppen und in ihrem nachlassenden Stehvermögen im Gefecht bemerkbar. Der napoleonische Soldat war ein improvisierender Kämpfer und daher undiszipliniert, aber der Kaiser verlangte nur eines: Gehorsam im Kampf.

Auch hinsichtlich der Ausrüstung mit Waffen fanden keine Neuerungen statt. Das Gewehr blieb das gleiche wie 1777, und das Geschütz war die Kanone Gribeauvals, Modell 1774. Napoleon lehnte die Erfindung des Waffenschmieds Pauly, den Hinterlader, ab. Er verkannte die Möglichkeiten einer Anwendung der Dampfmaschine für die Schiffahrt und verzichtete darauf, die Armeen im Feld mit Ballons auszustatten; und nicht er, sondern die Engländer benutzten in Spanien seit 1808 Schrapnells ... bis Waterloo. Der Artillerie hingegen widmete er seine ganze Sorgfalt; er vertrat die Ansicht: «Je weniger eine Truppe taugt, desto mehr Artillerie braucht sie». Infolgedessen sah er sich veranlaßt, die Zahl der Menschen zunehmend durch die der Kanonen zu ergänzen, um nachlassende Manövrierfähigkeit durch stärkere Feuerkraft auszugleichen. Mit der Zeit nutzte sich das Material ab, die Ausführungen waren zunehmend mittelmäßig.

Ebenso wie in den vorausgegangenen Epochen wurde auch jetzt der Krieg improvisiert. Die Armee, deren Soldaten in abgerissenen Uniformen steckten und häufig Holzpantinen statt Schuhen an den Füßen hatten, glich oft einem Haufen Landstreicher; nach einem Sieg ergänzte der Soldat seine Ausrüstung auf Kosten des Feindes. Die Versorgung kam schlecht nach, obwohl im Jahre 1807 zu ihrer Beförderung der Train geschaffen wurde. Man fuhr fort, sich für Lebensmittel, Futter und Transport an die Verpflegungslieferanten zu wenden. Der Soldat mußte vom Land leben und sich daher oft in einen Marodeur verwandeln. Der Sold wurde nur in unregelmäßigen Abständen ausbezahlt, und seine Bezahlung konnte oft lediglich mit Hilfe der den Besiegten auferlegten Kontributionen erfolgen. Die Einrichtung des Postens eines Generalintendanten – er wurde Pierre Bruno Daru, einem hohen Verwaltungsbeamten, anvertraut – im Jahre 1806 verbesserte die Situation nur geringfügig. Der Sanitätsdienst wurde, ungeachtet der aufopfernden Einsatzbereitschaft eines Larrey, nicht besser organisiert, und die Sterblichkeitsrate unter den Verwundeten und Kranken blieb erschreckend hoch.

Die Neuerungen, die Napoleon einführte, betrafen hauptsächlich die allgemeine Organisation der Armee. Bereits 1804 nahm er eine Neugliederung der allzu zahlreichen Divisionen des Lagers von Boulogne in eine Reihe von Armeekorps vor, indem er jeweils um einen von zwei oder drei Infanteriedivisionen gebildeten Kern herum eine Brigade leichte Kavallerie, einen Artillerieverband, eine Pioniereinheit mit ihrem Materialdepot sowie eine Versorgungseinheit gruppierte und das Ganze einem unangefochtenen, mit einem ansehnlichen Stab ausgestatteten Korpschef unterstellte. Ebenso schuf er eine allgemeine Kavalleriereservetruppe (die er Murat anvertraute) und eine starke Artilleriereserve. Die kaiserliche Garde, die schließlich 90000 Mann aller Waffengattungen zählte, war ein regelrechtes Reservekorps, dessen Einsatz oft den Sieg herbeiführte. Vielleicht hatte Napoleon zuviel Guibert gelesen und zweifellos glaubte er ausschließlich an den Bewegungskrieg – jedenfalls maß er den festen Plätzen keine Bedeutung bei, eine Fehleinschätzung, die Frankreich im Jahre 1814 teuer bezahlen mußte.

Das militärische Genie Napoleons bestätigte sich in seiner Steuerung der Armeekorps, die er so verteilte, daß sie den ganzen Kampfschauplatz umfaßten; so konnten sie den Feind durch Täuschungsmanöver verwirren, konnten ihn zwingen, sich auf dem vorgesehenen Terrain zu stellen, und ihn daran hindern, sich dem Kampf zu entziehen. Seine gleichermaßen geniale Taktik beruhte auf zwei bevorzugten Gefechtsmanövern: zum einen in dem Manöver im Rücken des Feindes, das es ermöglichte, dessen Verbindungen abzuschneiden, sein Gros zu umgehen, ihn auf seiner Flanke und mit umgekehrter Front anzugreifen, so daß seine ganzen Streitkräfte sich gleichsam in einem riesigen Netz verfingen (Ulm); zum anderen in dem Manöver in zentraler Stellung, bei dem die aus untergeordneten Frontabschnitten abgezogenen Streitkräfte (was keineswegs ungefährlich war!) zu einer massiven Streitmacht konzentriert wurden, welche die einzelnen Staffeln des Gegners nacheinander überwältigte (Austerlitz).

Was den taktischen Einsatz der Waffengattungen anbelangte, führte Napoleon kaum Neuerungen ein, sondern hielt an dem aus den Schlachten der Revolution Gelernten fest. Der Kampf begann mit dem Feuer nach Belieben der im Vorfeld der Masse der großen Bataillone ausgeschwärmten Einzelschützen; das war die Zermürbungsphase. Dann kam der entscheidende Angriff: Napoleon warf frische Truppen in den Kampf und ließ entweder durch ein dazu abgestelltes Korps aus der Entfernung einen Flankenvorstoß unternehmen (Jena, Auerstedt) oder den feindlichen Flügel umfassen (Austerlitz) oder das Zentrum stürmen (Wagram). Um den Durchbruch zu vervollständigen, warf er, nach vorbereitendem, heftigem Geschützfeuer, seine Reservemasse in die Schlacht. Anschließend kam es zur letzten Phase und zur Verfolgung – bei beiden spielte die Kavallerie die Hauptrolle –, manchmal bis zur völligen Vernichtung des Feindes (Jena und Auerstedt). Napoleon neigte dazu, den Kampf der Schützen abzukürzen, um geschlossene Bataillone (deren Reihen der Kugelhagel lichtete) zum Sturm ansetzen zu lassen und die größtmögliche Feuerkraft auf die zu erobernden Ziele zu verwenden – daher die Rolle, die seiner starken Reserveartillerie zufiel (Wagram, Borodino).

Das napoleonische Kriegssystem hatte seine Grenzen. Es eignete sich hauptsächlich für reiche Länder, in denen die Armee sich verpflegen konnte, für nicht allzu ausgedehnte Kriegsschauplätze – Norditalien, Süddeutschland –, wo der Feind nicht entweichen konnte, wo der Kaiser seine sämtlichen Armeekorps im Griff hatte. Zu furchtbaren Enttäuschungen kam es in den endlosen, unfruchtbaren Weiten Osteuropas. Das System funktionierte gut, solange der Kaiser nur Ancien-Régime-Armeen gegenüberstand, solange der Feind sich unfähig zeigte, aus seinen Niederlagen zu lernen und die Methoden, die versagt hatten, zu ändern, solange die unterworfenen Völker sich nicht rührten.

Die Inbesitznahme des Kontinents (1804–1809)

Während die Engländer sich die Seeherrschaft sicherten, versetzten spektakuläre Siege über zwei Koalitionen Napoleon in die Lage, Westeuropa nach seinem Gutdünken neu zu ordnen und den Versuch zu unternehmen, England durch die Kontinentalsperre zu ruinieren. Um den Frieden aufrechtzuerhalten und den Kontinent englischen Erzeugnissen zu verschließen, verbündete Napoleon sich mit dem Zaren. Die Kontinentalsperre veranlaßte ihn zu neuen Gewaltstreichen, und seine Annektierungs- und Ausbeutungspolitik brachte die Völker schließlich auf. Österreich nahm die Gelegenheit zum Krieg in Spanien wahr, um eine neue Koalition zusammenzubringen; diese wurde jedoch bei Wagram zerschlagen. Damit erreichte das Kontinentalsystem seinen Höhepunkt.

Die dritte Koalition und die Ausdehnung des Kontinentalsystems (1804–1809)

Seit Mai 1803 zog sich der Krieg in Ermangelung eines beiden Gegnern gemeinsamen Kriegsschauplatzes hin; überdies steckten sowohl England als auch Frankreich in einer Finanzkrise. Um das 1804 erneut eingetretene Defizit aufzufangen, führte Napoleon die von der Revolution abgeschafften indirekten Steuern wieder ein.

Da die 150000 Mann der Invasionsarmee nach England übergesetzt werden mußten, war es unumgänglich, daß Frankreich sich die Herrschaft über den Ärmelkanal sicherte. Mit dieser Aufgabe wurde Admiral de Villeneuve, an der Spitze einer französisch-spanischen Flotte, betraut; auf der Reede von Cádiz wurde er jedoch von Nelsons Geschwader eingeschlossen (18. August 1805). Im August 1804 hatte Zar Alexander I. mit Napoleon unter dem Vorwand gebrochen, daß dieser südlich der Alpen und östlich des Rheins Truppen unterhalte. Am 11. August 1805 unterzeichnete er mit London einen Bündnisvertrag, der vorsah, Frankreich in seine Grenzen von 1792 zurückzudrängen. Verärgert über die Mailänder Krönung, über die Annexion der Ligurischen Republik durch Frankreich (Juni 1805), über die Erhebung der Republik Lucca zu einem Fürstentum für Napoleons Schwester Elisa, schloß sich Österreich, bald gefolgt von Schweden und Neapel, dem englisch-russischen Bündnis an. Am 29. August wurde das Lager von Boulogne aufgehoben, und die 150000 Mann der Grande Armée (sie erhielt diesen Namen am 6. Oktober 1805) setzten sich in Marsch zum Rhein. Am 15. September erhielt Villeneuve den Befehl, aus Cádiz auszulaufen und die neapolitanischen Küsten zu überwachen.

In Frankreich war der Krieg unpopulär und rief eine Oppositionsbewegung hervor, die jedoch nicht ganz so stark war wie die des Jahres 1800 vor dem Sieg bei Marengo. Im Süden und Westen bildeten sich erneut Widerstandsnester. Fouché spürte die Verschwörungen auf und ließ einige royalistische Agenten hinrichten. Außerdem wurde das Land von einer schweren Finanzkrise geschüttelt. Eine Geldknappheit des Schatzamts, verschärft durch Schurkereien der auf die Piaster aus Spanien spekulierenden Verpflegungslieferanten und Schieber aus der Umgebung des Bankiers Ouvrard, löste eine regelrechte Panik aus. Man fürchtete, daß die Banknoten zu Assignaten würden. Erst der Sieg machte es möglich, das Vertrauen wiederherzustellen.

Die Grande Armée war ein hochkarätiges Werkzeug; ein Viertel ihrer Soldaten stammte aus den Aushebungen des Konvents, die Hälfte der Truppen hatte den Feldzug von 1800 mitgemacht, und die seither eingezogenen Rekruten hatten eine gute Ausbildung genossen. Die Armee wurde von Männern befehligt, die, 1804 zu Marschällen befördert, noch junge, aber bewährte Heerführer waren. Der Feldzug wurde mit seltener Schnelligkeit und Präzision geführt. Nachdem der Rhein und der Main überquert worden waren (September), schlossen sich Baden, Bayern und Württemberg dem Kaiser an. Die österreichische Armee des Generals Mack, im Rücken überrascht und in Ulm eingeschlossen, kapitulierte am 20. Oktober. Dieser Sieg trat fast völlig in den Hintergrund angesichts der Niederlage bei Trafalgar, wo Nelson des Geschwader von Villeneuve am 21. Oktober vernichtete; Napoleon verlor alle Hoffnung, London den Frieden diktieren zu können. Er überholte die Russen, marschierte am 2. Dezember 1805, dem ersten Jahrestag seiner Krönung, in Wien ein und trug bei Austerlitz in Mähren einen spektakulären Sieg über die Österreicher und Russen davon (Einnahme des Plateaus von Pratzen, Spaltung der russischen Armee in zwei Teile, die in die Sümpfe von Telnitz getrieben wurden). Österreich zog sich aus der Koalition zurück.

Nun wollte Napoleon Preußen für sich gewinnen, von dem er wußte, daß es sich, im Falle eines für Frankreich negativen Ausgangs der Schlacht bei Austerlitz, dessen Gegnern angeschlossen hätte. Am 16. Dezember kam das Bündnis zustande. Preußen wurde gestattet, das englische Hannover zu annektieren, dafür trat es Neuchâtel und Kleve an Frankreich ab und verpflichtete sich vor allem, den Engländern seine Häfen zu verschließen.

Österreich mußte sich in den Frieden von Preßburg (26. Dezember 1805) fügen, durch den es aus Deutschland und Italien vertrieben wurde: Es mußte Tirol und Vorarlberg an Bayern abtreten, seine schwäbischen Besitzungen an Baden, Württemberg und Bayern, Venedig an das Königreich Italien und Dalmatien mit Istrien an Frankreich (hierbei handelte es sich darum, weitere Küsten für England zu sperren).

Frankreich schloß eine immerwährende Allianz jeweils mit Baden, Bayern und Württemberg, und die beiden letztgenannten wurden zu Königreichen erhoben. Bayern trat das Herzogtum Berg ab, welches Murat erhielt, der zum Großherzog von Kleve und Berg ernannt und Mitglied des Heiligen Römischen Reiches Deutscher Nation wurde. Von Schönbrunn aus verfügte Napoleon am 26. Dezember: «Die Dynastie von Neapel hat aufgehört zu regieren». Alsbald besetzte Masséna dieses Gebiet. Um den englischen Handel zu bekämpfen, wurden die Häfen des Kirchenstaats besetzt.

Zwischen Dezember 1805 und Oktober 1806 war der einzige Kriegsschauplatz in Europa Süditalien. Nachdem Joseph Bonaparte zum König von Neapel gemacht worden war (30. Januar 1806), brachen dort Aufstände aus, an denen sowohl Rebellen als auch Banditen großen Stils (Fra Diavolo) beteiligt waren. Engländer, die dort gelandet waren, schlugen die Division Reynier in die Flucht (Maida, 4. Juli), indem sie erstmals die Taktik sich kreuzender Feuersalven gegen einen Angriff mit blanker Waffe einsetzten, eine Innovation, die Napoleon versäumte, was ihn in Spanien und bei Waterloo teuer zu stehen kommen sollte. Das war der Auftakt zu einer allgemeinen Erhebung Kalabriens, dessen Rückeroberung Massénas Aufgabe wurde. Der Wirtschaftskrieg zwischen England und Frankreich ging weiter. Im Februar 1806 erhielt Frankreich die Zusage Preußens, darüber zu wachen, daß Lübeck sowie die Mündungen von Elbe, Weser und Ems für englische Schiffe gesperrt blieben. Zwischen Februar und April 1806 von Frankreich erlassene Zollgesetze erneuerten das Einfuhrverbot für englische Waren und belegten die übrigen mit hohen Steuern. London schlug zurück, indem es die Blockade der französischen Häfen auf diejenigen zwischen Brest und Lübeck ausdehnte und insgesamt verschärfte.

Während der auf den Frieden von Preßburg folgenden Kampfpause nahm Napoleon eine völlige Neuordnung des seinem Einfluß unterworfenen Europa vor im Einklang mit der Politik, die er in Frankreich verfolgte und die darauf abzielte, der Gesellschaft Wesensmerkmale wiederzugeben, die dem Ancien Régime eigen waren. Seit seiner Krönung fühlte er sich der «Familie» der Könige zugehörig, was zur Folge hatte, daß er darauf verzichtete, in Europa die «gestiefelte Revolution» darzustellen. Um seine Macht gegenüber den Monarchen Europas zu legitimieren, suchte er verwandtschaftliche Verbindungen mit regierenden Häusern zu knüpfen. Am 14. Januar 1806 heiratete Joséphines Sohn Eugène de Beauharnais, eigens zu diesem Zweck von Napoleon «adoptiert», die Prinzessin Amalie Auguste, Tochter des Königs von Bayern. Kurz darauf vermählte sich die – ebenfalls vom Kaiser adoptierte – Cousine Joséphines, Stéphanie de Beauharnais, mit dem Erbprinzen Karl von Baden (8. April 1806).

Napoleon glaubte, daß das Kontinentalsystem und die gegen den englischen Handel gerichteten Maßnahmen um so wirksamer angewendet werden würden, je mehr Einfluß er auf die europäischen Souveräne auszuüben imstande sei. Infolgedessen erhob er seine Brüder und Schwestern – ausgenommen Lucien, mit dem er zerstritten war – zu regierenden Fürsten. Louis Bonaparte erhielt das Königreich Holland, Eugène de Beauharnais wurde zum Vizekönig von Italien ausgerufen; im Februar 1806 mußte Joseph Bonaparte die Krone von Neapel annehmen und erhielt zugleich den Auftrag, Sizilien zurückzuerobern. Seit 1805 war Elisa Bonaparte Fürstin von Lucca und Piombino, und am 30. März 1806 wurde Carolines Ehemann Joachim Murat Großherzog von Kleve und Berg. Das Dekret vom 30. März 1806, das Sonderstatut der kaiserlichen Familie, bestimmte: «Der Status der Personen, die berufen sind, über dieses große Reich zu herrschen und es durch Bündnisse zu stärken, kann nicht der gleiche sein wie der der übrigen Franzosen». Das war ein eklatanter Verstoß gegen das Gleichheitsprinzip. Es sollte nicht der einzige bleiben.

In der Tat erhielt der Kaiser ab 1806 bzw. 1807 aufgrund der mit den Staaten des Familienpakts geschlossenen Verträge einen Teil ihres Domänenbesitzes in Italien (ab 1806) und in Deutschland (ab 1807) zu seiner Verfügung. Diese Ländereien und Renten verteilte er in Form von Dotationen an Mitglieder seiner Familie, an Würdenträger des Regimes und an Soldaten, die er belohnen wollte. Das war Teil seiner

Bemühungen, eine neue gesellschaftliche Hierarchie in Frankreich einzuführen. Am 30. März 1806 wurden in den Königreichen Italien und Neapel, im Fürstentum Piombino und in den Territorien von Parma und Piacenza 19 «große Reichslehensgüter» geschaffen. Das Reichslehen verlieh seinem Empfänger keinerlei politisches Recht; es bestand in einem Titel, mit welchem Einkünfte verbunden waren, die aus Nationalgütern und Zuschüssen des Schatzamts des Staates stammten, in dem das jeweilige Lehen lag. Zwei kleinere Lehen, die der Papst im Königreich Neapel besaß, wurden konfisziert, zu den Fürstentümern Ponte Corvo und Benevent erklärt und an Bernadotte bzw. Talleyrand vergeben.

Um seine Gesellschaftspolitik zu finanzieren, verlangte Napoleon von den italienischen Satellitenstaaten, daß sie ihm Renten auf ihr Schatzamt und auf ihre Finanzeinrichtungen zur Verfügung stellten. Auf diese Weise mußte der Monte di Pietà von Mailand jedes Jahr Renten in einer Gesamthöhe von 1 200 000 Francs an vom Kaiser ausgewählte Militärangehörige aller Ränge auszahlen. Diese Staaten mußten auch Soldaten, Kriegsschiffe, ja sogar Arbeiter für die Werften stellen und die napoleonische Wirtschaftspolitik unterstützen. Sie mußten die englischen Waren und die im Ausland hergestellten Erzeugnisse verbieten und den französischen Produkten Vorzugszölle einräumen. Napoleon verlangte vom Papst, daß dieser seinem diplomatischen System beitrete, ein Ansinnen, das der Papst am 21. März 1806 entschieden zurückwies; das war der Beginn eines nicht wiedergutzumachenden Konflikts.

Der Kaiser änderte die Verfassung Deutschlands von Grund auf. Am 16. Juli 1806 unterzeichneten Frankreich und 16 deutsche Staaten – darunter die beiden Königreiche Bayern und Württemberg sowie die drei Großherzogtümer Baden, Hessen-Darmstadt, Kleve und Berg – den Vertrag, mit dem der Rheinbund ins Leben gerufen wurde. Die deutschen Unterzeichner erklärten, sich für immer vom Heiligen Römischen Reich Deutscher Nation loszusagen und sich in einer «Sonderkonföderation» zusammenzuschließen, deren Schutzherr der Kaiser der Franzosen sein würde. Ein weiterer Vertrag zwischen Frankreich und den 16 Fürsten – gemeinsam und einzeln – bildete die Grundlage eines Bündnisses der Vertragsparteien untereinander im Hinblick auf jeglichen kontinentalen Krieg, in den eine der Parteien verwikkelt wäre; in diesem Fall hatte die Konföderation dem Schutzherrn 63 000 Mann zur Verfügung zu stellen, und er seinerseits würde 200 000 Mann in den Dienst der «deutschen Unabhängigkeit» stellen. Dieser Vertrag ermöglichte es Napoleon, Truppen in Deutschland zu halten. Am 6. August zog Kaiser Franz II. die Konsequenzen und legte die Reichskrone nieder; das Heilige Römische Reich Deutscher Nation hatte aufgehört zu existieren. Außerhalb vorurteilsloser Kreise wurden Stimmen laut, die diese Umwälzungen verurteilten; gegen Napoleon gerichtete Flugschriften wurden in Umlauf gesetzt. Aus diesem Anlaß wurde im August 1806 der Nürnberger Buchhändler Palm auf Befehl Napoleons ergriffen, abgeurteilt und erschossen. Während die meisten deutschen Intellektuellen dem Ersten Konsul wohlwollend gegenübergestanden hatten, erblickten sie im Kaiser nur mehr einen zum Despoten gewordenen Aufsteiger. Aber das war längst nicht die einhellige Meinung.

Innerhalb von zehn Monaten hatte Napoleon um Frankreich herum ein großes Reich errichtet, eine Föderation organisierter und unterworfener Staaten. Außerhalb Frankreichs hatte die Belehnung der Würdenträger begonnen, und dort machte sich die Unzufriedenheit mit der französischen Herrschaft alsbald bemerkbar (Neapel, Deutschland).

Die vierte Koalition und die Anfänge der Kontinentalsperre (1806–1807)

Die Gründung des Rheinbunds hatte Preußen verärgert. Dort gewann die Kriegspartei unter Führung der Königin Luise schließlich die Oberhand über die Partei des Einvernehmens mit Frankreich. Am 1. Oktober 1806 erhielt der Kaiser ein Ultimatum von König Friedrich Wilhelm III. mit der Aufforderung, seine Truppen hinter den Rhein zurückzuziehen; am 14. Oktober hörte die preußische Armee auf zu existieren. Auf französischer Seite war der Feldzug, wie üblich, improvisiert, aber die Operationen wurden so zügig durchgeführt, daß sich die mangelnde Vorbereitung nicht nachteilig auswirkte. An der Saale wurde die preußische Armee am 14. Oktober bei Jena von Napoleon und bei Auerstedt von Davout aufgerieben. Die Überreste der Armee, die durch ganz Norddeutschland verfolgt wurden, und ihre festen Plätze kapitulierten nacheinander. Der Kaiser zog in Berlin ein und ließ von seiner Armee das ganze Land mit Ausnahme Ostpreußens besetzen.

Napoleon beschloß, sich der deutschen Küste zu bemächtigen, um den englischen Handel besser bekämpfen zu können. Er ließ die – wiewohl neutralen – Hansestädte von Mortier besetzen, der zugleich Mecklenburg einnahm. Überall wurden die Waren und Schiffe der Engländer beschlagnahmt. Theoretisch Herr über die Küsten der Nord- und Ostsee, an denen Großbritannien seinen Handel mit Europa hauptsächlich abwickelte, beschloß Napoleon, England den, wie er glaubte, endgültigen Schlag zu versetzen. Europa absorbierte nahezu ein Drittel des Exports und etwa 15% der Industrieproduktion Großbritanniens. Eine Sperrung des Kontinents konnte daher der britischen Industrie schweren Schaden zufügen, sie womöglich ruinieren. Sie konnte England außerdem das Getreide und die Schiffsbedarfsartikel vorenthalten, die es aus dem Baltikum bezog. Napoleon setzte auch auf die Anfälligkeit der englischen Handelsbilanz und auf die Gefahr der Entwertung des Papiergelds. Obwohl längst nicht alle Voraussetzungen für ein Gelingen seines Plans gegeben waren, hielt er ihn für durchführbar und riskierte ihn. Am 21. November 1806 erließ er in Berlin das berühmte Dekret: «Die britischen Inseln befinden sich im Zustand der Blockade.» Das war die Geburt der Kontinentalsperre, die als die Summe der politischen, militärischen und diplomatischen Maßnahmen zu begreifen ist, die von Napoleon einseitig ergriffen wurden, um Europa dazu zu bringen, die englischen Waren mit dem Verbot zu belegen, von dem sie bereits in Frankreich betroffen waren. Die europäischen Staaten, die zu dieser Beschlußfassung nicht hinzugezogen worden waren, hatten keine andere Wahl, als sich ihr aus freien Stücken oder unter Zwang anzuschließen. Die unverzügliche Anwendung des Berliner Dekrets in Holland, in Spanien, im napoleonischen Italien und in den Hanse-

Napoleon in der Schlacht von Eylau. 1808.
Gemälde von Antoine-Jean Gros.

städten vermochte die Entwicklung eines schwunghaften Schwarzhandels über Hamburg, Tönning, Gibraltar und Malta nicht zu verhindern. Nur die Wiederherstellung des Friedens konnte eine wirksame Überwachung der Küsten ermöglichen.

Auf den Frieden hoffte die öffentliche Meinung in Frankreich, wo die Chouannerie im Westen bis hinauf in die Normandie wieder auflebte. Da die Russen sich nicht entschließen konnten zu verhandeln, ließ Napoleon seine Truppen in Polen einmarschieren. Bei dieser Gelegenheit mußte er feststellen, daß das Klima, die unendlich weiten Ebenen, in denen der Feind sich der Konfrontation entziehen konnte, und die Länder, die zu arm waren, um seine Armee ernähren zu können, für sein System der Kriegführung wenig geeignet waren. Darüber hinaus stand er vor einem neuen Problem: der polnischen Frage. Die polnischen Patrioten erwarteten von ihm die Wiedererrichtung ihres Vaterlands. Er benötigte Soldaten und ließ die Polen Truppen ausheben. Er schürte ihre Hoffnung auf Unabhängigkeit, ohne ihnen jedoch Versprechungen zu machen. Der Wunsch, mit Rußland, Preußen und Österreich einen dauerhaften Frieden zu schließen, bewirkte, daß er die Wiederherstellung Polens keinen Augenblick in Betracht zog. Sein Aufenthalt in diesem Land brachte ihm die Begegnung mit der Gräfin Maria Walewska und bald darauf den Beweis, daß die Kinderlosigkeit des kaiserlichen Paares Joséphine anzulasten war. Damit nahm der Gedanke an eine Scheidung Gestalt an.

Der Winterfeldzug war hart. Die Schlacht bei Preußisch-Eylau (8. Februar 1807) entwickelte sich zu einer Schlächterei, 25 000 Russen und 18 000 Franzosen fanden dabei den Tod oder wurden schwer verwundet; Napoleon sah sich gezwungen, die Verfolgung einzustellen. Am nächsten Tag, während er vorbeiritt, drang «ein häßliches Murren» aus den Reihen der Franzosen an sein Ohr, und als die Verlustzahlen in Frankreich bekannt wurden, reagierte die öffentliche Meinung äußerst betroffen. Im April 1807 wurde erstmals ein Jahrgang im voraus eingezogen: Die 80 000 Rekruten des Wehrdienst-Jahrgangs 1808 wurden unverzüglich in Marsch gesetzt, und die Kontingente der Alliierten wurden verstärkt. Die durch die zunehmende Entfernung bedingten längeren Verbindungswege machten die Dinge für die Armee noch beschwerlicher. Dank einer hervorragenden Artillerie konnte Napoleon am 14. Juni 1807 den entscheidenden Sieg bei Friedland erringen. Die Franzosen, die bereits Danzig beherrschten, marschierten in Königsberg ein.

Beide kriegführenden Parteien wünschten den Frieden: Alexander I., weil ihn die Passivität Österreichs und Englands verdroß und weil er von einer Zweiteilung des Einflusses in Europa träumte; Napoleon, weil er sich nicht auf einen Vorstoß in die russischen Ebenen einlassen mochte, zumal ihn das Verhalten Österreichs in seinem Rücken beunruhigte und er sich voll und ganz der Anwendung der Kontinentalsperre widmen wollte. Die Zusammenkunft der beiden Souveräne führte am 7. Juli 1807 zu den Verträgen von Tilsit, die einen Friedensvertrag, Geheimartikel und einen Bündnispakt umfaßten, zu denen am 9. Juli ein Abkommen mit Preußen hinzukam.

Für Preußen waren die Friedensbedingungen gnadenlos. Es mußte alle seine Provinzen westlich der Elbe abgeben; sie wurden zum Königreich Westfalen zusammengefaßt, das unter seinem König Jérôme Bonaparte dem Rheinbund beitrat. Aus dem größten Teil der polnischen Provinzen Preußens wurde, als Geste an Polen, das Großherzogtum Warschau gebildet; dieses wurde, um den Zaren zu beschwichtigen, dem Kurfürsten von Sachsen (nunmehr von Napoleons Gnaden König geworden) unterstellt; dessen ungeachtet gab die Schaffung dieses Großherzogtums Anlaß zu Zweifeln an der Aufrichtigkeit des französisch-russischen Bündnisses. Im Restgebiet Preußens sollte eine Besatzung verbleiben bis zur endgültigen Bezahlung einer erdrückenden Kriegsentschädigung. Rußland überließ Frankreich Cattaro und die Ionischen Inseln, schloß sich der Kontinentalsperre an und versprach, England gegenüber im Sinne Napoleons zu handeln. Im Gegenzug machte Napoleon dem Zaren Hoffnungen auf mögliche territoriale Gewinne in der Türkei und im schwedischen Finnland. Frankreichs Macht in Europa war auf ihrem Höhepunkt angelangt, und dennoch vermochte der Frieden nicht alle Bedenken in Paris zu zerstreuen. Immerhin waren vom Lager von Boulogne bis Friedland 35 000 Mann gefallen und 150000 verwundet worden, von denen die Hälfte endgültig kampfunfähig war.

Die Kontinentalsperre, die iberischen Angelegenheiten und die fünfte Koalition (1809)

Als der Zar vereinbarungsgemäß Frankreich und England seine Vermittlung anbot, antwortete England mit der Beschießung Kopenhagens und der Beschlagnahme der dänischen Flotte (September 1807). Rußland brach mit London, Dänemark und Österreich schlossen sich der Kontinentalsperre an. Da der Zar die Rolle des Gendarmen in Nordeuropa übernommen hatte, konnte Napoleon seine Aufmerksamkeit auf den Mittelmeerraum konzentrieren. Prinz Eugène de Beauharnais besetzte die Küste des Kirchenstaats, um dort die Anwendung des Dekrets von Berlin durchzusetzen. Da die Königin von Etrurien Livorno zu einem Zwischenlager englischer Waren gemacht hatte, mußte sie ihr Fürstentum an Napoleon abtreten, der es zum Großherzogtum Toskana für seine Schwester Elisa machte und dem Kaiserreich einverleibte (15. März 1808).

Portugal, ebenfalls zu einem Zwischenlager englischer Schmuggelware geworden, weigerte sich, der Kontinentalsperre beizutreten. Napoleon einigte sich mit dem König von Spanien und dessen Minister Godoy über die Teilung Portugals. Junots Armee durchquerte Spanien und besetzte Portugal ohne Schwierigkeiten (Einnahme Lissabons am 30. November 1807). Die portugiesische Königsfamilie Bragança floh nach Brasilien. Dieses Ereignis versetzte England in die Lage, sich einen neuen Absatzmarkt zu erschließen, und trug auf lange Sicht zur Unabhängigkeit Lateinamerikas bei.

Aufgrund der englischen Kabinettserlasse vom November 1807 waren alle neutralen Schiffe mit dem Ziel Europa gezwungen, zuvor einen englischen Hafen anzulaufen, um dort eine Gebühr zu entrichten, sich mit einer Lizenz zu versehen und Schmuggelware an Bord zu nehmen. Dieser Gewaltmaßnahme der «Ozeanokraten» setzte Napoleon die Dekrete von Mailand (23. November und 17. Dezember

1807) entgegen, die die Einfuhr aller Waren «neutraler» Provenienz auf dem Kontinent unterbanden, welche zuvor die englische Kontrolle passiert hatten.

Da Schweden sich geweigert hatte, der Kontinentalsperre beizutreten, annektierte der Zar das schwedische Finnland. Aber trotzdem beherrschte die englische Flotte nach wie vor die Ostsee. Pius VII. zeigte sich wenig bemüht, den englischen Handel zu bekämpfen; daher besetzte General Miollis am 2. Februar 1808 Rom, und Ancona wurde dem Königreich Italien angegliedert. Noch nie war der Kontinent den Engländern so wirksam versperrt gewesen wie zu diesem Zeitpunkt; selbst der Schmuggel erreichte nur mehr ein geringes Volumen. Jenseits des Ärmelkanals ging die Industrieproduktion zurück, was Arbeitslosigkeit und einige Unruhen zur Folge hatte, nicht aber die Revolution, die Napoleon sich erhoffte. Die Situation wäre kritisch geworden, hätte sich die Sperrung des Kontinents auf die Dauer aufrechterhalten lassen; daß dies nicht der Fall war, gereichte England zur Rettung.

Infolge der Besetzung Portugals hatte Napoleon in Spanien Fuß gefaßt; nicht ohne Grund war er der Ansicht, daß dieses Land schlecht regiert sei, und er bildete sich ein, die Spanier würden es hinnehmen, daß er über ihr Land herrsche. Er erhöhte die Stärke der französischen Truppen unter dem Vorwand, die Verbindungen mit der Armee in Portugal schützen zu müssen. Am 18. März 1808 brach in Madrid ein Aufruhr aus, König Karl IV. wurde zum Rücktritt gezwungen und sein Sohn Ferdinand vom Volk zu seinem Nachfolger akklamiert. Am 23. März marschierte Murat in Madrid ein. Da Napoleon den Thron Spaniens als vakant betrachtete, glaubte er, ihn mit einem Bonaparte besetzen zu können. Mit dem Hinweis auf die Anarchie, die im Land regierte, beorderte er den ehemaligen König und dessen Sohn nach Bayonne. Am 2. Mai erhob sich das Volk von Madrid, um den Infanten an der Reise nach Bayonne zu hindern. Murat schlug den Aufstand blutig nieder, unterstützt von der über die Ausschreitungen des Pöbels entsetzten Bourgeoisie. In Bayonne nutzte Napoleon die Meinungsverschiedenheiten seiner Gäste skrupellos aus und erreichte auf diese Weise, daß sie beide abdankten. Durch das Dekret vom 10. Juli 1808 wurde Joseph zum König von Spanien ernannt und Murat, an Josephs Statt, zum König von Neapel. Eine nach Bayonne einberufene Kommission von spanischen Notabeln, die aufgeklärten Kreisen angehörten, machte sich daran, eine Verfassung aufzusetzen.

Bei der Nachricht von der Unterredung in Bayonne erhob sich das spanische Volk unter Führung des Adels und der Geistlichkeit gegen die «ketzerischen» Franzosen, die «Verfolger des Papstes», und gegen das politische und gesellschaftliche Regime, das sie einführen wollten. Spanien war gleichsam eine zweite Vendée, heroisch und reaktionär. Überall bildeten sich Junten, um den Kräften der Rebellion einen gewissen Zusammenhalt zu geben. Die Junta von Sevilla erklärte Frankreich den Krieg. Zum erstenmal sah sich Napoleon mit einer nationalen Widerstandsbewegung konfrontiert und mit einem Krieg, der sich den Regeln seiner Strategie entzog. Am 22. Juli 1808 mußte General Dupont bei Bailén auf freiem Feld kapitulieren. Dadurch bekam die Erhebung neuen Auftrieb. Joseph mußte das in Aufruhr befindliche Madrid verlassen (30. Juli). Die Revolte griff auf Portugal über, wo die Engländer unter General Wellesley landeten und Junot am 30. August in Sintra zur Kapitulation zwangen. Das waren die ersten napoleonischen Niederlagen. Kurz darauf wurde in Paris eine republikanische Verschwörung entdeckt, deren Mittelpunkt General Malet bildete, und in die La Fayette und liberale Mitglieder des Senats verwickelt waren.

Überzeugt, daß die Fehlschläge auf der Iberischen Halbinsel auf die Unfähigkeit seiner Stellvertreter zurückzuführen seien, beschloß Napoleon, die Situation persönlich in Ordnung zu bringen und die Grande Armée nach Spanien zu überstellen. Zuvor mußte er jedoch für Rückendeckung sorgen, da Österreich mit englischem Geld aufrüstete; er benötigte also die in Tilsit versprochene Unterstützung des Zaren.

Die beiden Souveräne trafen sich beim Fürstentag in Erfurt (27. September – 14. Oktober 1808) in Gegenwart aller Fürsten des Rheinbunds. Napoleon hatte einen Fehler begangen, als er Talleyrand mitnahm, denn dieser riet dem Zaren «retten Sie Europa, indem Sie Napoleon die Stirn bieten» und unterrichtete Österreich von den Absichten seines Herrn. Napoleon erhielt das vage Versprechen einer eventuellen russischen Unterstützung gegen Österreich; dafür machte er handfeste Zugeständnsisse: Räumung eines Teils von Preußen und Herabsetzung der Preußen auferlegten Kriegsentschädigung, Anerkennung Finnlands und der Donauprovinzen als russischer Besitzungen. Der Kaiser glaubte nun, die paar Monate vor sich zu haben, die er zur Bereinigung der Angelegenheiten in Spanien für erforderlich hielt.

Am 12. Oktober 1808 wurde die Grande Armée aufgehoben und auf 100000 Mann reduziert, die unter der Bezeichnung Rheinarmee in Deutschland blieben. Napoleon marschierte mit 180000 Soldaten und 30000 Haudegen der Alten Garde – insgesamt mit einer geringen Anzahl Rekruten, mit hartgesottenen Veteranen und umfangreichen kriegserprobten deutschen und polnischen Kontingenten – in Spanien ein. Er bezwang den Paß von Somosierra (30. November 1808) und öffnete sich dadurch den Weg nach Madrid. Dort setzte er Joseph als König wieder ein, schaffte die Feudalrechte und die Inquisition ab und löste zwei Drittel der Klöster auf. Aber weder war der Feind vernichtet, noch war Spanien besiegt.

Nachrichten von der Aufrüstung Österreichs und Berichte über Intrigen in Paris bewogen den Kaiser, am 17. Januar 1809 die Iberische Halbinsel zu verlassen. Fouché und Talleyrand waren einander nähergekommen und erwogen, ihn durch Murat zu ersetzen; die Börse befand sich in einer starken Baisse. Zunächst räumte er in Paris auf und enthob Talleyrand seines Amtes. Aber bei seiner Abreise nach Deutschland hinterließ er ein von Zweifeln heimgesuchtes, bereits vom Verrat unterhöhltes Frankreich.

Im April 1809 war Österreich – das, von Talleyrand unterrichtet, daß der Zar sich nicht rühren würde, seine Armee verstärkt und modernisiert hatte – bereit, Napoleon anzugreifen. Es vereinigte alle Hoffnungen der deutschen Patrioten auf sich, vor allem die der Romantiker und all derer, die unter dem Druck der französischen Besatzung litten, deren Härte zum Erwachen des Nationalbewußtseins beitrug. Ehe er Bayern angriff, erließ Erzherzog Karl einen von Friedrich Schlegel verfaßten «Aufruf an die deutsche Nation» («Wir kämpfen, um Deutschland seine Unabhängigkeit und seine nationale Ehre zurückzugeben«).

Napoleon hatte aus dem Stegreif eine neue Armee zusammenstellen müssen: ein Drittel Ausländer, hauptsächlich Deutsche und Italiener, und zahlreiche schlecht ausgebildete Rekruten. Wie der Feldzug zeigte, litten Manövrierfähigkeit und Kampfausdauer der Truppen durch den Mangel an Ausbildung. Die mindere Qualität des Menschenmaterials suchte Napoleon durch eine bessere Ausrüstung wettzumachen, indem er die Zahl der Geschütze auf 6000 Kanonen erhöhte. Außerdem ließ er die Garde aus Spanien zurückkommen.

Österreich hatte mit einer generellen Erhebung Deutschlands gerechnet; das war verfrüht, denn die Fürsten blieben die Verbündeten Napoleons. Dennoch waren mehrere Staaten des Rheinbunds von schweren Unruhen betroffen. Vor Beginn der Feindseligkeiten versuchte Leutnant Karl von Katte, ein preußischer Offizier, die Festung Magdeburg zu erobern; das Unternehmen scheiterte. Am 10. April 1809, dem Tag der österreichischen Kriegserklärung, folgte Tirol dem Aufruf des Gastwirts Andreas Hofer und erhob sich gegen seine neuen bayerischen Herren und ihre französischen Verbündeten – eine weitere «Vendée«, der, wie sich herausstellen sollte, äußerst schwer Herr zu werden war.

Der Feldzug von 1809 war sehr hart. Davout vertrieb die Österreicher aus Bayern durch ein brillantes Ablenkungsmanöver, das in dem Sieg von Eggmühl gipfelte (22. April 1809); aber die Armee des Erzherzogs Karl entkam der Vernichtung. Am gleichen Tag unternahm Ferdinand Freiherr von Dörnberg, Oberst der Gardejäger König Jérômes, den Versuch, im Königreich Westfalen einen Aufstand herbeizuführen, aber sein Plan mißlang. Am 28. April brach Major Ferdinand von Schill an der Spitze seines Regiments von Berlin nach Westfalen auf; auch seinem Unternehmen war kein Erfolg beschieden.

Am 12. Mai zog Napoleon in Wien ein. Schlechte Nachrichten erwarteten ihn: In Polen hatte Fürst Poniatowski den Rückzug antreten müssen, in Italien war Prinz Eugène besiegt worden. Im Königreich Neapel wurde Murat von einer drohenden Landung der Engländer in Atem gehalten. Rom wurde unruhig. Am 17. Mai erließ Napoleon von Wien aus das Dekret, durch das der Kirchenstaat dem Kaiserreich angegliedert wurde; das war das Ende der Bündnispolitik mit der Kirche.

Napoleon versuchte, gegen Österreich die gleiche Waffe einzusetzen, mit der er sich selbst in Spanien und in Deutschland konfrontiert sah: die einer Volkserhebung. Ein Aufruf an die Ungarn, sich zu einer freien, unabhängigen Nation zu konstituieren, blieb indes ohne jedes Echo. Um Erzherzog Karl zu besiegen, mußte Napoleon die Donau überqueren; alle Brücken über den Fluß waren zerstört worden. Am 21. Mai besetzte er die Insel Lobau. Als er auf das Nordufer übersetzen wollte, wurde er von Erzherzog Karl zunächst bei Aspern und dann bei Eßling zurückgedrängt, wo Lannes den Tod fand (22. Mai). Das Prestige des Kaisers war angeschlagen. In Württemberg und in Hessen-Darmstadt brachen Bauernaufstände aus. Die «Schwarze Legion» des Herzogs Friedrich Wilhelm zu Braunschweig-Oels besetzte Dresden, Leipzig, Bayreuth und zog durch ganz Deutschland; an der Nordseeküste wurde sie von englischen Schiffen aufgenommen und nach Spanien gebracht, wo sie weiter gegen die Franzosen kämpfte. In Italien hatte MacDonald die Situation gerettet, so daß Prinz Eugène von Süden her nach Österreich eindringen konnte. Napoleon, am 10. Juni vom Papst exkommuniziert, ließ diesen in Savona gefangensetzen; trotzdem verhielt sich der französische Klerus, zumindest nach außen hin, noch ruhig. In Österreich rettete der Sieg von Wagram (6. Juli 1809), der teuer erkauft und hauptsächlich dank der Artillerie errungen worden war, die Lage. Österreich unterzeichnete den Waffenstillstand von Znaim (12. Juli 1809), der die Rückeroberung Tirols durch Lefèbvre und Drouet-d'Erlon ermöglichte.

Die Engländer waren nicht müßig gewesen, und General Arthur Wellesley, kurz darauf zum Viscount von Wellington erhoben, hatte Soult aus Portugal verjagt. Am 30. Juli 1809 landeten die Engländer bei Walcheren, eroberten Vlissingen und bedrohten Antwerpen. Fouché, vorübergehend Innenminister, zog eigenmächtig 30000 Mann zur Nationalgarde, der Armee der Bürger, ein; die Öffentlichkeit war entsetzt, befürchtete eine Wiederkehr der Verhältnisse von 1793, um so mehr als ein Königsmörder diese Maßnahme ergriffen hatte. Dieser übergab den Befehl über die auf diese Weise zusammengezogene Streitmacht Bernadotte, der wegen seiner «Passivität» bei Wagram soeben in Ungnade gefallen war. Die Einberufung löste einen Aufstand im Departement Saar aus. Die Ordnung wurde zwar rasch wiederhergestellt, aber man mußte Hinrichtungen vornehmen. Nachdem sich die Engländer zurückgezogen hatten, befahl Napoleon die Auflösung der Nationalgarde; er tadelte den Eifer seiner Untergebenen, denn er verdächtigte das Tandem Fouché–Bernadotte politischer Hintergedanken. In Paris fanden sich immer Leute, die die Nachfolge planten; sie dachten an Murat, Eugène, Bernadotte. Von seinem Gefängnis aus hatte General Malet eine neue republikanische Verschwörung organisiert, die die Polizei jedoch aufdeckte, und in der Provence nahmen die Royalisten und Barras Kontakt mit den auf offener See kreuzenden englischen Flotillen auf. Die Katholiken machten, vor allem in den belgischen Departements, keinen Hehl aus ihrer Unzufriedenheit über die Gefangensetzung des Papstes, zur großen Genugtuung der Royalisten. Am 13. Oktober 1809 versuchte ein tschechischer Student, Napoleon in Schönbrunn zu ermorden.

Der Friede von Wien, am 6. Oktober 1809 unterzeichnet, war demütigend für Österreich. Es mußte Galizien an das Großherzogtum Warschau abtreten, Salzburg an Bayern und alle seine adriatischen Provinzen an Napoleon, der auf diese Weise in den Besitz einer der nahöstlichen Baumwollstraßen kam. Ende des Jahres 1809 war die militärische Lage wiederhergestellt. Auf der Iberischen Halbinsel hatte sich Wellesley nach Portugal zurückziehen müssen. Napoleon schickte jedoch weitere 100000 Mann, darunter die Junge Garde, unter dem Befehl Massénas auf die Halbinsel.

Hinsichtlich der Kontinentalsperre ließ die Lage sehr zu wünschen übrig. Mitte des Jahres 1808 hatten die iberischen Angelegenheiten Napoleon gezwungen, die Küsten der Nord- und Ostsee ungedeckt zu lassen, und 1809 verschärfte sich diese Situation, als er seine Truppen an der Donau zusammenziehen mußte. Summa summarum hatten sich Portugal, Spanien, Brasilien und Lateinamerika den englischen Waren öffnen können, während die Vereinigten Staaten ihre Handelsbeziehungen mit Großbritannien wiederaufnahmen. In Großbritannien erreichten die Industrieproduktion und der Export im Jahre 1809 ein größeres Volumen, als sie vor der Inkraftsetzung der Kontinentalsperre gehabt hatten.

Napoleon war sich dieses negativen Resultats bewußt und ebenso des Schadens, den die Kontinentalsperre der französischen Wirtschaft zufügte. Um es der Baumwollindustrie zu ermöglichen, sich mit ihrem Rohstoff zu versorgen, und um die Großgrundbesitzer in die Lage zu versetzen, ihre Weizen-, Wein- und Spirituosenüberschüsse zu exportieren, führte er im Jahre 1809 ein Lizenzsystem für die französischen Schiffseigner ein. Sie konnten Getreide, Mehl, Wein und Spirituosen als Exportgüter nach England mitführen unter der Bedingung, daß sie in Höhe des gleichen Werts Kolonialwaren und Rohbaumwolle zurückbrachten. Diese Maßnahme wirkte sich letztlich mehr zugunsten Englands als der französischen Wirtschaft aus; außerdem verärgerte sie die anderen Europäer, weil nur die Franzosen das Recht hatten, auf diese Weise mit England Handel zu treiben.

Das Jahr 1809 ging mit einem Paukenschlag zu Ende: Am 16. Dezember wurde durch einen Senatsbeschluß die Auflösung des Ehevertrags zwischen Napoleon und Joséphine bekanntgegeben.

Viertes Kapitel

Napoleon I. und die Revolution

Aufgrund des Krönungseids hatte Napoleon die Verpflichtung übernommen, die territorialen Eroberungen der Revolution zu schützen. In diesem Punkt hatte er mehr als sein Wort gehalten. Das Frankreich der natürlichen Grenzen hatte lediglich 102 Departements gehabt; das Kaiserreich des Jahres 1812 hatte eine Flächenausdehnung von etwa 750000 qkm, 130 Departements und 40 Millionen Einwohner; es grenzte an die Ostsee und das Osmanische Reich. Aber der Kaiser vergeudete in Frankreich einen Teil des politischen und sozialen Erbes der Revolution, und in Europa stellte er durchaus nicht immer die «gestiefelte Revolution» dar.

Der Verrat an der Revolution im Kaiserreich

Der Kaiser wurde nicht müde, den autokratischen Charakter seiner Regierung zu betonen. Das Äußere seiner Person hatte sich verändert; schon bei seiner Rückkehr aus Tilsit waren sein gelichtetes Haar, sein volleres Gesicht aufgefallen, waren die Anzeichen eines beginnenden Embonpoints erkennbar gewesen. Inmitten der Prachtentfaltung des Hofes bewahrte er seine Vorliebe für einen einfachen Lebensstil, und bis 1810/1811 war er ein ungewöhnlich ausdauernder Arbeiter. Mit zunehmendem Alter und auch infolge der Enttäuschungen, die ihm seine Familie und seine engen Mitarbeiter bereiteten, schwand sein Vertrauen in andere, und er berücksichtigte immer weniger die Meinung kompetenter Leute. In seiner Persönlichkeit waren der Egoismus, der Hang zur Gewalttätigkeit, die Menschenverachtung und vor allem der Ehrgeiz sowie ein blindes Selbstvertrauen übermäßig stark ausgeprägt und bewirkten, daß er sich zu äußerst unklugen Unternehmungen hinreißen ließ. Darüber hinaus verlor er zunehmend jenen Instinkt, der ihn einst die geheimen Wünsche der öffentlichen Meinung hatte erahnen lassen.

Die Scheidung von Joséphine war zum einen von der dynastischen Sorge diktiert, seine erbliche Macht schützen zu müssen, indem er den von seiner Familie und seiner Umgebung mit Blick auf die Nachfolge inszenierten Intrigen ein Ende setzte, und zum anderen von dem immer lebhafteren Wunsch bestimmt, den Frieden in Europa zu sichern, indem er in die Familie eines besiegten Souveräns einheiratete. Die Eheschließung mit einer österreichischen Erzherzogin war gewissermaßen eine Ersatzlösung angesichts der Weigerung des Zaren, der Verbindung mit einer russischen Großfürstin seine Zustimmung zu geben. Da Metternich eine Gelegenheit suchte, das französisch-russische Bündnis zu torpedieren, erhielt Napoleon bereitwillig die Hand der 18jährigen Erzherzogin Marie Luise. Am 2. April 1810 heiratete er, der den Herzog von Enghien hatte hinrichten lassen, die Großnichte Marie Antoinettes und Ludwigs XVI. In Frankreich machten die ehemaligen Revolutionäre in seiner Umgebung keinen Hehl aus ihrer Aversion gegen diese Heirat, und die Soldaten warfen Napoleon vor, Joséphine verstoßen zu haben. Die mit dem Hause Habsburg eingegangene eheliche Verbindung und die Geburt eines Thronerben, des Königs von Rom (20. März 1811), schienen die Zukunft der vierten Dynastie und den Frieden in Europa zu sichern.

Der Kaiser hatte bereits begonnen, seine Umgebung von allen aus der Revolution hervorgegangenen starken Persönlichkeiten zu säubern (so hatte er etwa Talleyrand durch den gefügigen Champagny ersetzt); nach der zweiten Heirat wurden auch die letzten noch verbliebenen hohen Amtsträger aus ihren führenden Positionen entfernt, oft zugunsten neu gewonnener Regime-Anhänger aus der Aristokratie. Die Amtsenthebung des in Ungnade gefallenen Fouché im Juni 1810 war der letzte Bruch mit der aus der Revolution überkommenen gehobenen Beamtenschaft. Die Exekutive absorbierte schließlich alle übrigen Gewalten. Die gewählten, das Volk repräsentierenden Körperschaften verloren ebenfalls ihre aus der Revolution hervorgegangenen Mitglieder. Die Kantonalversammlungen, in denen das allgemeine

Napoleon an der Wiege seines Sohnes, dem König von Rom, aus der Ehe mit der österreichischen Erzherzogin Marie Luise. Gemälde von Albert Pierre Dawant.

Wahlrecht uneingeschränkt ausgeübt wurde, wurden in einigen Departements erst im Jahre 1813 einberufen. Die Mitglieder der Wahlkollegien wurden nicht mehr gewählt, sondern von der Verwaltungsbehörde ernannt, was sich zugunsten der Adligen, der Großgrundbesitzer und der Beamten auswirkte. Die gesetzgebende Gewalt war nur mehr ein Dekor. Die Auflösung des Tribunats (1807) bedeutete das Ende jeglicher Diskussion; die Sitzungen der Gesetzgebenden Körperschaft wurden immer kürzer. Die Gesetzgebung durch den Kaiser erfolgte zunehmend in Form von Dekreten und Senatsbeschlüssen. Dank der letzteren, die in Sachen der Einberufung zum Wehrdienst sehr nützlich waren, behielt der Senat, der sich zunehmend aus Aristokraten zusammensetzte, noch ein gewisses Maß an gesetzgebender Gewalt. Hohe Gehälter, der Köder der Senatorerien und die Hoffnung auf Dotationen garantierten die Gefügigkeit seiner Mitglieder.

Sowohl die politische als auch die administrative Zentralisierung wurden immer straffer. Wenn auch das ehemalige Wohlfahrtsausschuß-Mitglied Jean Bon Saint-André seinen Posten in Mainz bis 1813 behalten konnte, änderte das nichts an der Tatsache, daß die Präfektenschaft zunehmend aus Angehörigen der alten Aristokratie bestand. Immer zahlreicher wurden die Präfekten, die zuvor Mitglieder des Staatsrats gewesen waren; auf diese Weise machte die Zentralisation Fortschritte, denn sie stieß auf kein anderes Hindernis als auf die Langsamkeit der Nachrichtenübermittlung und die Trägheit der Untergebenen.

Die Justiz verlor ihre Unabhängigkeit und wurde gemäß den aristokratischen Tendenzen des Regimes reorganisiert. Ungeachtet der Unabsetzbarkeit bestimmter Richter erlaubten aufeinanderfolgende Säuberungen in den Jahren 1808 und 1810 die Unterwerfung der Institution. Viele neue Justizbeamte kamen aus den einstigen Parlamenten. Oft entzogen die Sondergerichtsbehörden den normalen Gerichtsbehörden die Fälle. Im Jahre 1810 wurden zur Aburteilung von Schmuggelvergehen 34 Zoll-Tribunale und acht Zoll-Sondergerichte geschaffen, die Recht sprachen, ohne daß die Möglichkeit bestanden hätte, Berufung gegen das Urteil einzulegen, und die die Strafen des Brandmarkens oder der Hinrichtung verhängen konnten. Das unter dem Konsulat begonnene Werk der Kodifizierung wurde in einem zu den Prinzipien der Revolution zunehmend in Widerspruch stehenden Geiste fortgeführt. Das Strafgesetzbuch (1810) führte die barbarischen Strafen des Halseisens und des Brandmarkens wieder ein. Die Strafprozeßordnung schaffte die Anklagejury ab und stellte die Geheimhaltung des Untersuchungsverfahrens wieder her.

Die allmächtige Polizei, nach Fouchés Sturz Savary anvertraut, schränkte die persönlichen Freiheiten ein. Sie horchte die öffentliche Meinung aus, und das «Cabinet noir» überwachte die Korrespondenz. Die Gendarmerie, die Spitzel der Minister und der Präfekten sowie die Agenten des Kaisers spionierten und denunzierten um die Wette. Die Verfolgung durch die Polizei entzog sich der richterlichen Gewalt. Jegliche Opposition wurde unterdrückt durch ständige Observierung, willkürliche Einweisung in Irrenanstalten oder Inhaftierung in den 1810 wieder eingeführten Staatsgefängnissen. Eine Meinungsfreiheit gab es nicht mehr. Die Zensur – zu ihren berühmtesten Opfern zählten Madame de Staël und Chateaubriand – duldete keine noch so verschleierte Kritik am Kaiser, an seinem Regime, seiner Politik und an den Institutionen. Aufgrund der Dekrete von 1810 durften nur mehr eine Zeitung in jedem Departement und vier Zeitungen in Paris erscheinen. Alle ließen sich von *Le Moniteur* «inspirieren» und unterwarfen sich der ständigen Kontrolle von Inspektoren, die sie selbst bezahlen mußten. Kurz, die Presse wurde zu einer Presse auf Weisung. Die Drucker und die Buchhändler mußten um ein – widerrufbares – Patent nachsuchen und einen Eid leisten.

Letztlich blieb nichts übrig von den Grundfreiheiten, wie sie die Revolution definiert hatte, abgesehen von der Glaubensfreiheit und der Gewerbefreiheit. Die Franzosen fanden sich mit der Willkür ab, denn das Ancien Régime und die Revolution hatten sie daran gewöhnt. Das kaiserliche Regime war autoritär, aber nicht blutrünstig; was bedeuteten schon die 2500 Menschen, die im Jahre 1814 willkürlich inhaftiert waren, angesichts der unter der Schreckensherrschaft eingekerkerten zahllosen Verdächtigen?

Der Despotismus wirkte sich auch auf die «Steuerung» der Gemüter aus. Napoleon bewies stets ein geniales Talent für die Kunst der Propaganda. Er wußte alle Informationsmittel – die Presse, die Bulletins der Armee, die Sonntagspredigten der Pfarrer, die volkstümlichen Bilderbogen – bemerkenswert gut für seine Zwecke einzusetzen. Die Künstler David, Gros, Géricault und Prud'hon wurden für den Dienst am Regime mobilisiert. Ebenso wie die römischen Kaiser hatte auch Napoleon seine Triumphalkunst, deren Elemente der Bogen und die Säule waren. Um den Mythos des Kaisers in den Massen zu verankern, wurde der kaiserliche Kult eingeführt. Er hatte einen gleichsam liturgischen Kalender mit bestimmten unbeweglichen Feiertagen – etwa dem 15. August, Tag des heiligen Napoleon, dem 2. Dezember, Jahrestag der Krönung – und gelegentlichen Festen wie der Hochzeit mit Marie Louise, der Taufe des Königs von Rom, dem Besuch des Kaiserpaares in der einen oder anderen Region. Ein derartiger Besuch verlief nach einem feststehenden Ritual: Gottesdienst, Bankett mit den Notabeln, Spiele unter freiem Himmel, Verteilung von Hilfsgütern an die Armen, Lampionbeleuchtung, Feuerwerk, womöglich Hochzeit eines tugendhaften Mädchens – das vom Kaiser eine Aussteuer erhielt – mit einem Veteranen der napoleonischen Feldzüge.

Mehr denn je betrachtete Napoleon das Schulwesen als «Herrschaftsinstrument»; der Unterricht war ausgerichtet auf «die Achtung vor der Religion und die Liebe zum Souverän» sowie auf «die ruhmreiche Geschichte der vierten Dynastie«. Die kaiserliche Universität, 1806 gegründet und 1808 gesetzlich eingeführt, erhielt von Rechts wegen das Unterrichtsmonopol. Die Privatanstalten wurden nur mit ihrer Genehmigung und unter ihrer Aufsicht geduldet und mußten ihr eine Abgabe bezahlen. Obschon auf allen Stufen der Universitätshierarchie zahlreiche Geistliche anzutreffen waren, mißfiel die Universität vielen Leuten wegen ihrer Methoden und ihres Unterrichtsinhalts, so daß die Wohlhabenden ihre Sprößlinge meist weiterhin auf die privaten Anstalten schickten. Somit entzog sich dem Kaiser weitgehend die «Lenkung der Gemüter» auf dem Gebiet des Unterrichtswesens.

Auch die Kirche stellte Napoleon in den Dienst seines Despotismus. Zu diesem Zweck vermehrte er die Zeichen seines Entgegenkommens. Seminaristen und Priester waren vom Wehrdienst befreit; in den Schulen und Gymnasien wurde der Religionsunterricht zum Pflichtfach erklärt und der Kontrolle der Bischöfe unterstellt. Als Gegenleistung nahm die Geistlichkeit Stellung gegen die Wehrdienstverweigerer und die Deserteure. Für die Kinder aus bescheidenen Verhältnissen, die kein Gymnasium und oft nicht einmal die Grundschule besuchen konnten, wurde 1806 der kaiserliche Katechismus herausgegeben, der sie über die Napoleon I. geschuldeten Pflichten aufklärte. Die Geistlichkeit wurde stets zu den offiziellen Veranstaltungen des Kaiserkults herangezogen. Der Erfolg dieser Politik des Altars im Dienste des Thrones war allerdings seit 1809 durch den Bruch mit dem Papst gefährdet.

Auf der gesellschaftlichen Ebene brach Napoleon mit der Errungenschaft der Revolution, an der den Franzosen am meisten gelegen war: der Gleichheit. In den annektierten Departements des linken Rheinufers und Piemonts wurde ein erheblicher Teil (bis zu 50% und 70%) der Nationalgüter dem Verkauf entzogen, um den Senat, die Ehrenlegion, die Nutznießer bestimmter Senatorerien und Würdenträger des Regimes auszustatten. In den 1810 annektierten hanseatischen Departements wurden die persönlichen Dienstbarkeiten und bestimmte Feudalrechte abgeschafft, aber die übrigen mußten abgelöst bzw. freigekauft werden. In den nach der Annektierung des Kirchenstaats gebildeten Departements erfuhr der Code civil bedeutende Abänderungen und wurde praktisch nicht angewendet.

Im ganzen Kaiserreich verfolgte Napoleon seine Politik der Wiedereinführung einer gesellschaftlichen Hierarchie, die er mit einem letzten «Granitbrocken» befestigte, indem er einen Briefadel schuf, der, nach seinen Vorstellungen, eine Verschmelzung der revolutionären Bourgeoisie mit der alten Aristokratie, die er den Bourbonen zu entfremden hoffte, möglich machen sollte. Er wollte einen erblichen Adel, der, anders als der Erbadel des Ancien Régime, den Notablen und den Begabten zugänglich sein sollte, von denen er hoffte, daß sie die Aufhebung der Freiheiten vergessen würden.

Wenngleich nur eine persönliche Auszeichnung, konnte die Mitgliedschaft in der Ehrenlegion als Zugehörigkeit zu einer Art Aristokratie auf Lebenszeit betrachtet werden. Der neue erbliche Adel trat bereits am 30. März 1806 in Erscheinung, als den Angehörigen der kaiserlichen Familie der Fürstentitel zuerkannt wurde, und als in Italien die 30 Großlehen geschaffen wurden, mit denen jeweils der Titel eines Fürsten oder eines Herzogs verbunden war, und die an die großen Würdenträger und an Marschälle vergeben wurden – Lehen, an die sich übrigens nach wie vor keine Hoheitsrechte in irgendeiner Form knüpften. Seit 1807 enthielt das Adelsprädikat eines Marschalls den Namen der Schlacht, in der er sich besonders ausgezeichnet hatte. Ein entscheidender Schritt wurde mit dem Senatsbeschluß vom 1. März 1808 vollzogen, der einen mit dem Amt verbundenen Adel und einen persönlichen Adel einführte. Die «belehnten» Großwürdenträger und Minister wurden Herzöge. Die übrigen Minister, die Senatoren, die Mitglieder des Staatsrats und die Erzbischöfe wurden Grafen, die Bischöfe und die Bürgermeister der 37 sogenannten «guten» Städte Barone. Den persönlichen Adel konnte der Kaiser Präfekten, Generälen und anderen Untertanen für geleistete Dienste verleihen.

Dieser neue Adel war weniger zahlreich als der des Ancien Régime; er umfaßte nur 1509 Personen – 59% Angehörige des Militärs, 22% Beamte und 17% Notabeln, die Wahlämter innehatten (Senatoren, Bürgermeister, Mitglieder von Wahlkollegien). Mit dem Adelsprädikat war keinerlei Privileg, keinerlei Befreiung von den allgemein gültigen Gesetzen verbunden; das Feudalsystem als solches wurde nicht wieder eingeführt. Im übrigen konnten die neuen Adelstitel auf dem Erbwege nur übertragen werden, wenn der Inhaber zugunsten seines ältesten Sohnes ein ungeteiltes Majorat einzurichten vermocht hatte, das diesem ein im wesentlichen aus Grundbesitz stammendes Einkommen (200000 Francs für einen Herzog, 15000 für einen Baron) sicherte. Das bedeutete, im Widerspruch zum Code civil, die Wiederherstellung der sozialen Ungleichheit und des Erstgeburtsrechts.

Die Einführung der neuen Institution war ein großer Fehler, denn die öffentliche Meinung fühlte sich durch sie in ihren egalitären Bestrebungen vor den Kopf gestoßen. Sie war außerdem ein Mißerfolg insofern, als der neue Adel sich nicht als die dynastische Stütze erwies, die sein Gründer sich erhofft hatte, sondern lediglich als eine Clique von Höflingen, die Napoleon in kritischen Augenblicken nicht den geringsten Rückhalt bot.

Die unvollkommene Revolution in Europa

Es wäre verfehlt zu glauben, Napoleon habe beabsichtigt, die Wohltaten der Revolution vom Guadalquivir bis Moskau auszuteilen, oder zu denken, er hätte es tun können, habe es aber nicht gewollt. Seine Möglichkeiten, sich in die inneren Angelegenheiten eines Staates der französischen Einflußsphäre einzumischen, waren begrenzt, ausgenommen in den von einem Familienmitglied regierten Staaten und im Großherzogtum Warschau. Nur außenpolitisch vermochte er seinen Willen zu diktieren, im übrigen mußte er sich darauf beschränken, auf dem Wege des Überredens und des Beispielgebens zu handeln. Aus diesem Grunde machte er im Rahmen des Rheinbunds das Großherzogtum Berg und das Königreich Westfalen zu «Musterstaaten», die die anderen Fürsten von der Überlegenheit des französischen Systems überzeugen und sie ermutigen sollten, dieses System bei sich einzuführen. Außer im Großherzogtum Warschau versuchte er nie, einem Staat, der nicht von einem «Napoleoniden» regiert wurde, den Code civil aufzuzwingen. Die Politik der Umbildung des Staates und der Gesellschaft, von Napoleon selbst verfolgt und seinen Brüdern diktiert oder in Nachahmung seines Beispiels von anderen ins Werk gesetzt, war dort, wo sie eingeleitet wurde, die Frucht einer mehr oder weniger weitreichenden «Revolution von oben». Die Verwaltung war ihr Bauleiter. Die Fürsten beschritten diesen Weg, weil er ihnen ermöglichte, ihre Macht zu stärken und den militärischen und wirtschaftlichen Erfordernissen Frankreichs leichter gerecht zu werden.

Napoleon war der Ansicht, Grundlage der Reform eines Staates müsse eine Verfassung sein. Die Cisalpinische Republik, Holland, die Republik Lucca hatten unter dem Konsulat Verfassungen erhalten, und es bedurfte nur geringfügiger Änderungen, um diese dem monarchischen System anzupassen. Napoleon verfügte auch in den übrigen Staaten des Familiensystems eine Verfassung: im Königreich Westfalen, im Großherzogtum Berg, im Königreich Neapel, in Josephs Spanien und im Großherzogtum Warschau. Eine Verfassung gaben sich das Königreich Bayern, das Großherzogtum Baden, das Großherzogtum Frankfurt und das Herzogtum Anhalt. Ausgenommen im letztgenannten und im Königreich Italien wurde die französische Verfassung nirgends kopiert, wenn sich auch die Verfassungen der Königreiche Westfalen und Neapel sowie der Großherzogtümer Warschau und Berg an sie anlehnten.

Alle Verfassungen sahen eine starke Exekutive vor. Dort, wo Vertretungsorgane geschaffen wurden, erhielt allein die Regierung die Gesetzesinitiative, doch wurde das Prinzip, dem zufolge das Volk neben dem Fürsten und der Verwaltung an den Staatsgeschäften beteiligt werden muß, anerkannt. Dort, wo eine Volksvertretung eingerichtet wurde, erhielten die höchstbesteuerten Bürger, ungeachtet ihrer Standeszugehörigkeit, das Stimmrecht. Die Ansprüche des Adels auf die Staatsführung wurden abgewiesen.

Einige der von der französischen Revolution formulierten Grundrechte wurden von den Verfassungen garantiert bzw., falls noch nicht vorhanden, in die Verfassungen eingebracht: Trennung von Kirche und Staat, Gleichheit aller Bürger vor dem Gesetz, Abschaffung aller richterlichen und steuerlichen Privilegien sowie jeder Diskriminierung konfessioneller Art. Aufgrund dieser Prinzipien wurden in einigen Staaten Maßnahmen zur Emanzipierung der Juden ergriffen.

Die Staaten versahen sich mit einem auf Leistungsfähigkeit ausgerichteten System von spezialisierten, zentralisierten, bürokratischen und hierarchisch gegliederten Behörden. Der Steuerertrag wurde verbessert. Die Justiz wurde ebenfalls reformiert und in der Regel von der Verwaltung unabhängig gemacht. Der Adel verlor seine Gerichtsbarkeitsbefugnisse. Die Rekrutierung der Armee mit Hilfe der Wehrdienstpflicht wurde nahezu überall die Regel.

Gemäß der Tradition des Josephinismus und der französischen Revolution unterwarfen die meisten Staaten die Kirche ihrer Kontrolle, ohne daß dazu die Unterzeichnung eines Konkordats erforderlich gewesen wäre; die einzige Ausnahme bildete das Königreich Italien, für das ein Konkordat abgeschlossen wurde. Der Klerus hörte auf, ein privilegierter Stand zu sein; seine Güter wurden entweder dem Fürsten oder dem Staat zur Verfügung gestellt, der einen mehr oder weniger großen Teil davon zum Verkauf anbot. Die Zahl der Klöster wurde erheblich reduziert.

Bestimmte Staaten hielten hartnäckig an der politischen, administrativen und gesellschaftlichen Ordnung des Ancien Regime fest; wenn man bedenkt, daß zu diesen das Königreich Sachsen, ein mustergültiger Verbündeter Napoleons, zählte, begreift man, welche Grenzen der Handlungsfreiheit des Kaisers gesetzt waren. Im gesellschaftlichen Bereich waren die Reformen meist weniger tiefgreifend als auf dem Gebiet der Verwaltung. Die diplomatischen und militärischen Erfordernisse geboten Napoleon, die Fürsten und die Aristokratie zu schonen; das machte es ihm unmöglich, die Ideen von 1789 en bloc zu exportieren. Er mußte es hinnehmen, daß die Gründungsakte des Rheinbunds die grundherrschaftlichen und lehnsherrlichen Privilegien der mediatisierten Fürsten ausdrücklich garantierte, eine Bestimmung, die der Abschaffung des Feudalsystems – selbst in einem von einem französischen Fürsten regierten Mitgliedstaat – Grenzen setzte.

Der Code civil kam nur in den Königreichen Italien und Westfalen, in den illyrischen Provinzen sowie in den Großherzogtümern Berg, Frankfurt und Warschau zur Anwendung, ferner, mit bedeutenden Abänderungen, im Königreich Neapel und – außerhalb des Familiensystems – im Großherzogtum Baden. Oft schob der Adel Bestimmungen zum Schutze des Eigentums vor, um sich seine Privilegien garantieren zu lassen. Die Aufhebung der Abgaben und Frondienste wurde einer Enteignung gleichgesetzt und ließ sich daher nur mittels «einer gerechten und im voraus zu regelnden Entschädigung» bewerkstelligen. Auf diese Weise mußte der Code dazu herhalten, die überkommenen sozialen Strukturen zu perpetuieren, die er zu zerstören vorgab.

In ähnlicher Weise trug die vom Kaiser in Frankreich verfolgte Gesellschaftspolitik dazu bei, andernorts den Prozeß der Abschaffung des Feudalsystems zum Stillstand zu bringen. In den italienischen Staaten des Familiensystems, im Königreich Westfalen und in den Großherzogtümern Berg und Warschau wurden die Einkünfte aus den Güter-Fonds des Staatsbesitzes zur Bezahlung der mit den Lehen verbundenen Renten und der Dotationen verwendet; bei den letztgenannten handelte es sich um 3596 Dotationen mit einem jährlichen Gesamteinkommen von 30 Millionen Francs (etwa 260 Millionen DM in heutiger Währung). Diese Einkünfte bestanden in den Erträgen aus der Ausbeutung des Staatsbesitzes und den Einnahmen, die den ehemaligen Fürsten in ihrer Eigenschaft als Grundherren zugestanden hatten: dem Grundzins, dem Zehnten usw. Um die Einkünfte der Donatare nicht zu mindern, beschloß man, diese Abgaben auf den Ländereien, auf denen sie lasteten, aufrechtzuerhalten. Im Namen des Gleichheitsprinzips machte man in bestimmten Staaten geltend, daß man nicht auf einigen Ländereien die Feudalrechte abschaffen konnte und auf anderen nicht; schließlich neigte man dazu, sie auf allen aufrechterhalten zu wollen.

Dort, wo die Aufhebung der Abgaben beschlossen wurde, konnte sie nur auf dem Weg der Ablösung bzw. des Freikaufs durchgeführt werden. Die Vielfalt der gewählten Lösungen bewirkte, daß die Abschaffung des Feudalsystems in den verschiedenen Staaten unterschiedlich weitreichend war. In groben Zügen lassen sich sieben Verfahrensmodalitäten unterscheiden: 1) Völlige, entschädigungslose Abschaffung der persönlichen Dienstbarkeiten (Leibeigenschaft, Frondienste) und der dinglichen Rechte (Königreich Italien); 2) völlige Abschaffung der persönlichen Dienstbarkeiten und bestimmter dinglicher Rechte mit Ablösung der übrigen (Königreich Neapel, Schweizer Eidgenossenschaft, hanseatische Departements); 3) völlige Abschaffung der persönlichen Dienstbarkeiten und Ablösung aller dinglichen Rechte

(Großherzogtum Berg, Königreich Bayern); 4) Abschaffung der Leibeigenschaft, Ablösung der Frondienste und der dinglichen Rechte (Königreich Westfalen); 5) Ablösung der persönlichen Dienstbarkeiten (Leibeigenschaft in Hessen-Darmstadt, Frondienste in den illyrischen Provinzen); 6) Abschaffung der Leibeigenschaft, Ablösung der Frondienste, der dinglichen Rechte und des Zehnten (Großherzogtum Warschau); 7) Abschaffung der Leibeigenschaft, Aufrechterhaltung der Abgaben und der Frondienste (Großherzogtum Baden, Königreich Württemberg). Im Großherzogtum Frankfurt wurde der Zehnte beibehalten. Somit wurde lediglich die Leibeigenschaft nahezu völlig und ohne Freikauf abgeschafft.

Eine nennenswerte Verbesserung der Lage der Bauern hätte eine grundlegende Änderung der Art und Weise des Bodenerwerbs erfordert. Man versuchte, dies durch den Verkauf von Gütern des Klerus, ja von Staatsbesitz zu erreichen. In Ermangelung eingehender regionaler Untersuchungen in hinreichender Zahl läßt sich nicht mit Sicherheit sagen, wer von den Grundbesitzübertragungen profitierte, die damals vorgenommen wurden. Es ist jedoch anzunehmen, daß diejenigen Land kauften, die bereits Grund und Boden besaßen.

Alles in allem befanden sich die durch die Ablösung der Feudalrechte oder der Grundrenten verarmten Bauern in einer weniger günstigen Lage als die Bauern Frankreichs, wenn sie Grundbesitzer werden oder ihr ererbtes Gut abrunden wollten. In den meisten Fällen mußten sie sich mit der Abschaffung der Leibeigenschaft und mit dem mehr oder weniger völligen Verschwinden der Lehensherrschaft begnügen. Eine unvollkommene Revolution, aber, dank Napoleon, immerhin eine Revolution.

Fünftes Kapitel

Rückschläge und Sturz

Napoleon scheiterte; innerhalb von nicht ganz zwei Jahren wurde er besiegt von der Koalition der englischen Oligarchie mit den absolutistischen Monarchien des Kontinents, vom Nationalgefühl der unterdrückten Völker, von der Kriegsmüdigkeit der französischen Öffentlichkeit und vom Verrat der Hauptnutznießer seines Regimes. Er war erfolglos im Wirtschaftskrieg, und die militärischen Rückschläge zwangen ihn in die Knie.

Im Jahre 1810 war Napoleon knapp 40 Jahre alt, und selbst die schmeichelhaftesten Portraits der anerkanntesten Maler lassen die Aufgedunsenheit seiner Züge erkennen, die ihm eine Ähnlichkeit mit gewissen römischen Kaisern der Spätzeit verleiht. Dennoch war er keineswegs verbraucht; er ertrug den russischen Winter und die physische Belastung des Rückzugs sehr gut, aber er war nicht mehr der unermüdliche Arbeiter, der kein Innehalten kannte und nicht wußte, was Ruhe für ihn und die anderen bedeutete. Dieser Übermensch, der seine ganze Zeit den Staatsgeschäften widmete, verbrachte nunmehr, während der «Kriegspause» von 1810/1811, ganze Tage bei seiner jungen Gemahlin und seinem Sohn. Seine geistigen Fähigkeiten blieben intakt und ließen ihn nicht im Stich, aber weniger denn je gab er zu, sich irren zu können. Er suchte die Gründe für seine Irrtümer in den Umständen oder in anderen Menschen, nicht aber in seinen eigenen Überlegungen – eine Sturheit, die ihm zum Verhängnis werden sollte.

Die öffentliche Meinung: Abkehr und Widerstand

Zu den Ursachen für Napoleons letztliches Scheitern ist alles zu rechnen, was die Gleichgültigkeit und Lossagung immer weiterer Kreise der Öffentlichkeit sowohl in Frankreich als auch außerhalb verstärkte.

«Ich habe die kleine Literatur auf meiner Seite und die große gegen mich», sagte Napoleon im Hinblick auf Madame de Staël und Chateaubriand. Das stimmte nur zum Teil, denn außerhalb Frankreichs hatte er bedeutende Schriftsteller und Publizisten auf seiner Seite; Goethe und Herder – Gegner der jakobinischen Diktatur –, die eine Erneuerung Deutschlands durch die Fürsten erwarteten, verfolgten Napoleons Laufbahn mit Interesse. In den Kreisen der Intellektuellen Frankreichs machten die Talentiertesten und die Belesensten, der Legitimist Chateaubriand und die Liberalen Madame de Staël und Benjamin Constant, Napoleon die autoritäre Entwicklung seines Regimes zum Vorwurf und traten für die Grundfreiheiten und für das Eigentum ein. Der Kaiser ersparte ihnen weder Schikanen noch Verdruß; aber er war klug genug, sie nicht zu Märtyrern zu machen.

Außerhalb Frankreichs äußerte sich die Opposition der Intellektuellen nicht immer nur im Rahmen gesellschaftlicher Zusammenkünfte. Dort wurde der Widerstand ebensosehr von der Feindseligkeit gegen den kaiserlichen Despotismus gespeist wie vom beleidigten Nationalgefühl. In den Ländern des Rheinbunds und von den Kathedern seiner Universitäten Heidelberg und Jena verurteilten die Vertreter der konservativen und nationalistischen Romantik, August Wilhelm und Friedrich Schlegel, Novalis und Johann Joseph Görres, Napoleon als Unterdrücker der deutschen Nation und riefen alle Deutschen über die sie noch trennenden Grenzen hinweg zum Kampf gegen ihn auf. Im napoleonischen Deutschland wurde die Opposition ferner genährt durch die Schriften des nach Wien geflohenen Friedrich Gentz, durch die 1807 und 1808 von Johann Gottlieb Fichte in Berlin gehaltenen «Reden an die deutsche Nation» und die Aufsätze «Geist der Zeit» von Ernst Moritz Arndt. Die Tatsache, daß Madame de Staël gemeinsam mit Friedrich Gentz, einem der wildesten Gegner der Revolution, Intrigen ausheckte, zeigt, wozu sich Menschen aus Haß gegen Napoleon hinreißen ließen.

Weder im Kaiserreich noch in den Ländern des Familiensystems ist es Napoleon jemals gelungen, die oberen Schichten der Gesellschaft dauerhaft an sich zu binden. In Frankreich fühlte sich die alte Aristokratie zwar geschmeichelt, blieb aber insgeheim legitimistisch. Außerhalb Frankreichs hat sie, mit Ausnahme einiger liberaler Adliger, die sich Napoleon anschlossen (Spanien, Rheinbund), dem Kaiser nicht verziehen, den Verlust einiger ihrer Privilegien heraufbeschworen zu haben. War nicht einer der schärfsten Gegner Napoleons der durch den Reichsdeputationshauptschluß «mediatisierte» Freiherr vom Stein?

Zunächst hatte der Klerus in Napoleon den Wiedererrichter der Altäre begrüßt. In den Satellitenstaaten – ob katholisch oder protestantisch – zeigte sich die Geistlichkeit reservierter, denn sie sah in ihm nach wie vor den Wegbereiter der Revolution. Der Verlust ihrer Güter und des Zehnten hatte sie schmerzlich getroffen und ebenso die Folgen der Säkularisationspolitik, der sich alle rechtmäßigen Souveräne eilends angeschlossen hatten. Der Konflikt mit dem Papst machte die Dinge nicht besser. Im Kaiserreich wurden einige widerspenstige Bischöfe eingesperrt und die Seminaristen zum Wehrdienst herangezogen. Nach seiner Gefangensetzung verweigerte Pius VII. den neuen, vom Kaiser ernannten Bischöfen die kanonische Investitur und führte so das Konkordat ad absurdum. Als Vergeltung ließ Napoleon den Gallikanismus wiederaufleben: Die Erklärung der vier Artikel aus dem Jahre 1682 wurde im Kaiserreich zum Gesetz erhoben. Er befahl die Abhaltung eines nationalen Konzils, das die Rechtmäßigkeit der kanonischen Investitur durch den Erzbischof von Paris beschließen sollte, falls der Papst sie nicht innerhalb von sechs Monaten erteilte. Trotz seiner Regime-Gefügigkeit lehnte das Episkopat es ab, sich dem Papst entgegenzustellen. Die Krise kam dem royalistischen Lager gelegen; aber die Masse der Gläubigen blieb gleichgültig, denn die Gottesdienste wurden ohne Unterbrechung fortgeführt.

Die Haltung der Bourgeoisie ist nicht so leicht zu analysieren. In Frankreich, in Holland, in Norditalien und in den Hansestädten konnten die Schiffseigner und Großkaufleute Napoleon nicht verzeihen, daß er den Seehandel zugrunde gerichtet hatte. Die Industriellen in Frankreich, Berg, Sachsen und der Schweiz waren ihm dankbar für das Verbot englischer Erzeugnisse, protestierten aber gleichzeitig gegen die Knappheit und den hohen Preis von Zucker und Kaffee. Dadurch, daß er sie zwang, auf ihre gewohnten Nahrungsmittel (Zucker, Kaffee, Tee) und Kleidungsstoffe (Baumwolle) zu verzichten, daß er sie um Rauch- und Schnupftabak brachte, zog der Kaiser den dumpfen Groll der Menschen aller Schichten auf sich. In Frankreich verzieh ihm die Bourgeoisie nicht, sie von der Führung der Staatsgeschäfte ausgeschlossen zu haben. Aus Überdruß ebensosehr wie aus Berechnung sollte sie im Jahre 1814 das Regime akzeptieren, das ihr die Vorteile des Bonapartismus zu geben und ihr seine Unannehmlichkeiten zu ersparen versprach.

Im Kaiserreich und in den Satellitenstaaten nahm der Widerstand des Volkes die gleichen Formen an: Schmuggel und Fahnenflucht. Als nach der Schlacht bei Wagram eine Amnestie erlassen wurde und 100000 Wehrdienstflüchtige von ihr profitierten, erkannte man das Ausmaß dieser Erscheinung. Mit dem wachsenden Bedarf an Soldaten nahmen Wehrdienstverweigerung und Fahnenflucht zu; dennoch überstiegen sie im Jahre 1813 nicht 10% der Truppenstärke. Die Volksmassen waren vom kaiserlichen Despotismus kaum betroffen, trotz der immer erdrückenderen Belastungen durch Steuern und Wehrdienst; aber im Falle einer Versorgungskrise wäre alles zu befürchten gewesen. Die Getreideernte des Jahres 1810 fiel schlecht aus, die des Jahres 1811 noch schlechter; in den hanseatischen und den rheinischen Departements hingegen wurden beachtliche Überschüsse eingebracht. Der Brotpreis erreichte schwindelnde Höhen, und, wie im Jahre 1793, mußte wieder ein Höchstpreis festgesetzt werden. Diese Krise verschärfte die der Industrie, die im Herbst 1810 ausgebrochen war. Bettelei und Landstreicherei hatten Unsicherheit auf dem Lande zur Folge, und in den Städten kam es zu Zwischenfällen. Am 2. März 1812 brach in Caen ein Hungerkrawall aus, der damit endete, daß acht Menschen, darunter eine Frau, zum Tode verurteilt wurden. Dank der guten Ernte von 1812 konnte die Ruhe wiederhergestellt werden.

Die ersten bewaffneten Aufstände in den annektierten Departements brachen erst 1813/1814 aus, und auch dann nicht überall; vielerorts, wie in Hamburg und in Amsterdam, waren die Zollbeamten die ersten Opfer. In Frankreich hingegen blieben die kleinen Leute, Handwerker und Bauern, ungeachtet der Aushebungen und der indirekten Steuern, bis zuletzt dem Kaiser treu – die Hundert Tage haben das hinlänglich bewiesen –, ausgenommen im Westen und in der Provence. In den neuen Departements und in den Satellitenstaaten war diese Anhänglichkeit der einfachen Leute allerdings nicht vorhanden (man denke nur an Spanien!), insbesondere nicht dort, wo die Bauern sich nicht vom Feudalsystem zu befreien vermochten, wenn sie auch, wie etwa in West- und Süddeutschland, Napoleon lange Zeit als ihren Wohltäter betrachteten.

In einigen Satellitenstaaten führte der Widerstand gegen die napoleonische Herrschaft zu einer Dauererhebung des ganzen Volkes gegen den fremden Besatzer. Seit 1809 entwickelte sich in Kalabrien und Apulien mit dem Zulauf von Wehrdienstflüchtigen und Deserteuren die Guerilla, deren Spiritus rector eine xenophobe Geheimgesellschaft, die Carbonara, war. Die seit 1808 anhaltende Erhebung in Spanien hatte es England ermöglicht, eine zweite Front zu eröffnen und auf diese Weise die Kontinentalsperre an einer Stelle zu sprengen.

Das Scheitern des Wirtschaftskriegs

Im Jahre 1809 hatte der Krieg auf dem Kontinent England in die Lage versetzt, die ersten bedrohlichen Auswirkungen der Kontinentalsperre zu überwinden. Napoleon stellte fest, daß es ihm nicht gelang, den Schmuggel zu unterbinden, daß es der französischen Baumwollindustrie an Rohstoffen mangelte, daß der Export französischer Agrarprodukte stark zurückging und daß die Zolleinnahmen sanken. Um diese Situation zu steuern, ergriff er eine Reihe von Maßnahmen. Gleichzeitig fuhr er fort, die Länder auf dem Kontinent als «Kolonien» des Kaiserreichs zu betrachten, und zwang sie, ihre Rohstoffe (Baumwolle aus Neapel, Seiden aus Italien) in erster Linie seiner Industrie zuzuführen und den in Frankreich hergestellten Erzeugnissen Vorzugszölle einzuräumen, während ihre Produkte in Frankreich verboten waren.

Um den Schmuggel wirksamer zu bekämpfen, ging Napoleon dazu über, die Länder, in denen der Schleichhandel blühte, seinem Kaiserreich anzugliedern: Seinem Bruder Louis nahm er Holland weg (März–Juli 1810), dann annektierte er das Wallis (November 1810), dann die Hansestädte, einen Teil des Herzogtums Berg, vier Staaten des Rheinbunds, darunter das dem Schwager des Zaren gehörende Herzogtum Oldenburg, und schließlich entriß er Joseph Katalonien (Januar 1812). Damit erreichte das Kaiserreich seine größte Ausdehnung. Zugleich verschärfte Napoleon durch das Dekret von Fontainebleau (10. Oktober 1810) die strafrechtliche Verfolgung des Schleichhandels, indem er sie Prevotal-Gerichten und normalen Zollgerichtshöfen anvertraute und die Beschlagnahme und Verbrennung aller in England hergestellten Produkte anordnete. Im Kaiserreich, in Holland, in den Ländern des Rheinbunds, in Italien, in den illyrischen Provinzen und in den besetzten Gebieten Spaniens brannten die Scheiterhaufen.

Um einerseits den Verbrauch von Kolonialwaren einzuschränken, um andererseits aber die Zolleinkünfte zu mehren und die Belieferung mit Baumwolle aus Amerika, aus der Levante und aus Neapel zu ermöglichen, wurde die Einfuhr aller nichtbritischen überseeischen Produkte gegen die Entrichtung überhöhter Zölle (z. B. 600 Francs für einen Zentner Zucker) zugelassen. Um zu verhindern, daß diese Produkte in Europa billiger verkauft werden könnten als im Kaiserreich, was wiederum dem Schmuggel Vorschub geleistet hätte, setzte sich die französische Diplomatie mit Erfolg dafür ein, daß der überhöhte Zolltarif in allen Staaten des Systems und ebenso in Preußen und Österreich, ja sogar in Rußland eingeführt wurde. Die Souveräne übernahmen ihn aus einleuchtenden – die Zolleinnahmen steigernden – Gründen.

Das durch die Dekrete von St. Cloud (3. und 25. Juli 1810) ergänzte Lizenzsystem verwirklichte die Synthese zwischen den Zielen der Kontinentalsperre und denen des Kontinentalsystems. Aufgrund dieser Dekrete konnten die französischen und die US-amerikanischen Schiffseigner, und zwar nur sie allein, gegen Zahlung einer sehr hohen Gebühr die Erlaubnis erhalten, mit Großbritannien Handel zu treiben. Für die alliierten und die neutralen Länder bedeutete das den Ruin ihres Handels. Lediglich die auf dem Boden des französischen Kaiserreichs angebauten Agrarprodukte durften exportiert werden, mit Ausnahme von Getreide, dessen Ausfuhr im Juni 1810 ansgesichts einer drohenden Mißernte untersagt wurde. Auf der Rückfahrt hatten die Lizenz-Schiffe Kolonialwaren und Baumwolle für den Import mitzunehmen; die Einfuhr in England hergestellter Waren blieb nach wie vor verboten.

In England hatten diese Maßnahmen furchtbare Auswirkungen zur Folge. In der Zeit von 1809 bis 1810 ging der Gesamtexport um 10%, von 1810 bis 1811 um 28,5% zurück. Die Exporte nach Europa sanken zunächst um 17%, dann um 24%, hielten sich jedoch noch über dem Niveau, das sie vor dem Erlaß des Berliner Dekrets erreicht hatten, da von Malta aus über den Balkan in Richtung Wien ein lebhafter Schleichhandel aufrechterhalten werden konnte. England hatte vor allem unter den erfolgreichen Manipulationen Napoleons im Hinblick auf die Vereinigten Staaten zu leiden. Die Industrieproduktion brach zusammen: Zwischen 1810 und 1812 fielen die Löhne auf dem Textilsektor um 30%. Die Arbeiter machten die Maschinen für ihr Elend und die Arbeitslosigkeit verantwortlich und vergriffen sich an ihnen, aber diese «Ludditen», die von November 1811 bis Juni 1812 ihrem Zorn Luft machten, waren Revoltierende, keine Revolutionäre. Es kam nicht zu einer Revolution, weil das Brot, trotz seines hohen Preises, nicht ausging, denn England hatte zuvor, dank seiner Importe, Getreidevorräte anlegen können. Der Verkauf europäischen Weizens – von dem nur ein geringer Teil aus dem Kaiserreich kam – rettete England.

Die Handelsbilanz des Kaiserreichs wies nach wie vor einen Überschuß aus, und die Zolleinnahmen stiegen. Aber es gab wirtschaftliche Probleme.

Der Schmuggel war nicht zu unterbinden. Das war unvermeidlich, einerseits wegen des großen Mangels an Produkten, auf die man nicht mehr verzichten konnte – Zucker, Kaffee, Tabak, Baumwolle –, zum anderen, weil das Ausland die mit einem Importverbot belegten Waren – Baumwollgewebe, Kattun, Eisenwaren usw. – billiger anbot als die französische Industrie. Die Schmuggler fanden überall Komplizen: Herrscher, die bestrebt waren, die Interessen der Kaufleute zu schützen, französische Konsularagenten, wie Bourienne in Hamburg, und vor allem Zollbeamte, vom einfachen Zöllner bis hin zum leitenden Direktor einer Regionalbehörde. Die Beschickungswege des Schleichhandels waren außerordentlich komplex. Die vorgerückten Stützpunkte bestanden in riesigen Lagern, die die Engländer auf den Inseln des Mittelmeers, des Ärmelkanals, der Nord- und der Ostsee sowie an den für die kaiserlichen Zollbeamten schwieriger zu überwachenden Küstenabschnitten anlegten. In dem Maße, in dem Napoleon seine Herrschaft auf die deutschen Küstengebiete ausgedehnt hatte, hatten sich die Versorgungsstützpunkte auf dem Kontinent nach Osten verlagert. Aber Straßburg behielt seine Funktion als «Sammelbecken aller Schleichhandelsströme». Außerhalb des Kaiserreichs waren drei Städte die Hauptzentren, von denen aus die von den Küsten herbeigeschafften Waren heimlich weiterverteilt wurden: Frankfurt, das von der Nordsee her beliefert wurde und Straßburg sowie Basel versorgte; Leipzig, das seinen Nachschub über die Nord- und Ostsee erhielt und Polen sowie Rußland versorgte; und Wien, wo sich die Lieferungen aus Malta (über Triest), aus Konstantinopel und aus Saloniki sammelten.

Eine ernste Wirtschaftskrise erschütterte vorübergehend den Kontinent. Wenn Napoleon auch die Mißernten nicht angelastet werden konnten, so war doch seine Politik unmittelbar verantwortlich für den harten Schlag, von dem Handel, Banken und Industrie betroffen wurden. Die Einführung des Lizenzsystems hatte eine umfangreiche Spekulation mit Kolonialerzeugnissen zur Folge, die die Preise dieser Produkte von April bis Oktober 1810 emporschnellen ließ und damit den Bedarf an Diskontierungen verstärkte. Im

September wurde eines der solidesten Häuser Lübecks zahlungsunfähig; sein Konkurs zog den Bankrott einer Bank in Amsterdam und dann den mehrerer mit dieser in Verbindung stehenden Banken in Paris und Frankfurt nach sich. Eine allgemeine Panik brach aus. Die Banken forderten ihre in die Industrie investierten Gelder zurück; davon war insbesondere der Textilsektor – die Baumwoll- und Seidenmanufakturen – betroffen. Die *«Domaine extraordinaire»,* die die bei den besiegten Ländern erhobenen Kriegskontributionen einzog, kam der französischen Industrie zur Hilfe. Die Regierung erteilte Aufträge und gewährte Darlehen, zugleich intensivierte sie das Programm der großen öffentlichen Baumaßnahmen. Die Krise konnte rasch überwunden werden, aber die Wirtschaft stagnierte noch bis zum Jahre 1815.

Nachdem es Napoleon wiederholt – 1807/1808 und 1810–1812 – gelungen war, der englischen Wirtschaft erheblichen Schaden zuzufügen, konnte er getrost mit dem sicheren Erfolg der Kontinentalsperre rechnen, sofern er die nahezu totale Absperrung des Kontinents über lange Zeit aufrechtzuerhalten vermochte. Aber der Zar, wütend darüber, daß lediglich die französische Wirtschaft von der Sperre profitieren sollte, und unzufrieden damit, daß Napoleon ihm verbot, amerikanische Schiffe in seine Häfen einlaufen zu lassen, während sie in den Häfen des Kaiserreichs sehr wohl zugelassen waren, beschloß am 31. Dezember 1810, seine Häfen für neutrale Schiffe zu öffnen und die französischen Erzeugnisse mit Zöllen zu belegen. Der russische Winter brachte das Ende der Sperre und rettete England.

Ein weiterer Grund, weshalb Napoleon den Wirtschaftskrieg verlor, bestand darin, daß er nach Trafalgar nicht mehr die Schiffe hatte, um «die britischen Inseln im Zustand der Blockade» zu halten. Großbritannien besaß die Seeherrschaft und hatte sich in Lateinamerika und in Südeuropa neue Märkte erschließen können; dank seiner Diplomaten und seiner Geschäftsleute vermochte es auch allzu lange Unterbrechungen seiner Beziehungen mit den Vereinigten Staaten zu vermeiden.

Eine weitere Ursache war, daß Napoleon Opfer seiner eigenen Wirtschaftspolitik wurde. Überzeugt, daß die finanzielle Grundlage Englands zusammenbrechen werde, dachte er niemals daran, den Verkehr von Bargeld und Wechseln zwischen Europa und Großbritannien zu unterbinden. Er respektierte die internationale Solidarität der Banken. Die großen Firmen in Amsterdam, Frankfurt und Hamburg konnten über den Ärmelkanal mit der Bank von London enge Beziehungen unterhalten, denen es zu verdanken war, daß die englische Banknote zwischen Großbritannien und dem Kontinent nach wie vor in Umlauf blieb und der englische Handel dadurch gestützt wurde.

Zudem war Frankreich außerstande, seine traditionelle Funktion der Verteilung von Kolonialwaren zu erfüllen, und da England, trotz aller Anstrengungen, diese nicht voll und ganz übernehmen konnte, kam es zu Verknappungen, die die Versorgung durch den Schleichhandel oder durch das Lizenzsystem – beide wirkten stark preistreibend – nur ungenügend zu kompensieren vermochte, was bei den Europäern Unzufriedenheit auslöste.

Die französische Industrie war nicht immer in der Lage, all den Bedürfnissen Europas gerecht zu werden, die zuvor von der englischen Industrie befriedigt worden waren. Und wenn es gelang, vermochte sie es oft nur zu höheren Preisen, was wiederum den Schmuggel begünstigte. Das in der Metallindustrie, in der chemischen Industrie und, trotz des Mangels an Baumwolle, im Textilsektor zu verzeichnende Produktionswachstum reichte noch längst nicht aus. Unter diesen Umständen konnte keine Rede davon sein, England als Produzenten zu ersetzen.

Darüber hinaus konnte das Kaiserreich nicht das Äquivalent dessen absorbieren, was England in normalen Zeiten vom Kontinent und insbesondere von den baltischen Staaten an Getreide und Schiffsbedarfsartikeln bezog. Frankreich kannte nur reiche Ernten, ausgenommen in den Jahren IX (1800/1801), 1810 und 1811.

Schließlich ist das Scheitern des Wirtschaftskriegs in den inneren Widersprüchen der Politik des Kaisers zu suchen. Er verlangte Europa große Opfer ab, ohne ihm einen entsprechenden Ausgleich dafür zu geben; sein Reich war nicht nur kein Großimporteur von Agrarprodukten, es blieb auch rigoros allen ausländischen Industrieprodukten verschlossen, einschließlich denen verbündeter Staaten wie des Großherzogtums Berg, das in Frankreich einen seiner größten Abnehmer von Baumwollstoffen und Eisenwaren verlor. Napoleon scheiterte, weil er ausschließlich die Eigeninteressen der französischen Industriellen im Auge gehabt hatte. Die Kontinentalsperre wurde von den protektionistischen Maßnahmen und von den wirtschaftlichen Ambitionen des Kontinentalsystems, mit anderen Worten vom französischen Wirtschaftsimperialismus zunichte gemacht.

Die militärischen Mißerfolge

Die militärischen Niederlagen Napoleons erklären sich aus der qualitativen Verschlechterung seiner Armee, in der der Anteil junger, mangelhaft ausgebildeter Rekruten ständig stieg, und in der die ausländischen Kontingente, deren Treue zwangsläufig fragwürdig war, immer zahlreicher wurden; hinzu kamen der Mangel an Pferden und die oft unzulängliche Beschaffenheit der militärischen Ausrüstung. Während sich die Qualität der gegnerischen Armeen unaufhörlich verbesserte, verlor die napoleonische Strategie in den weiten Ebenen des Ostens ihre Wirksamkeit. Außerdem darf man nicht vergessen, daß der Kaiser an mehreren Fronten zugleich kämpfen und in den besetzten Gebieten zunehmend dem bewaffneten Widerstand der Völker trotzen mußte.

Die Operationen gegen Rußland begannen erst im Juni 1812, aber in den Jahren 1810 und 1811 blieben die napoleonischen Armeen keineswegs Gewehr bei Fuß stehen. 1810 erhielt Masséna den Befehl, an der Spitze von 100000 Mann die Iberische Halbinsel von den dort anwesenden Engländern zu säubern. Er schlug sich nach Portugal durch, wurde aber im Mai 1811 von den Engländern und Portugiesen aus Portugal verjagt und fiel in Ungnade. Anfang des Jahres 1812 marschierte Wellington in Spanien ein, vernichtete Marmont und Clausel am 22. Juli bei Arapiles (nahe Salamanca) und vertrieb Joseph aus Madrid. Zu dem Zeitpunkt, als das

Napoleon in seinem Arbeitszimmer. 1812.
Gemälde von Jacques Louis David.

Unternehmen Rußland begann, mußten mindestens 200000 Mann in Spanien belassen werden.

Die Katastrophe in Rußland (1812)

Die Ursachen des Bruchs mit Rußland sind vielfältig. Napoleon grollte dem Zaren, weil dieser ihn im Krieg gegen Österreich nur halbherzig unterstützt und ihm außerdem die Hand einer russischen Großfürstin verweigert hatte. Alexander seinerseits argwöhnte, daß das Großfürstentum Warschau lediglich den Kern eines zukünftigen Polen bildete; darüber hinaus war er der Kontinentalsperre überdrüssig und über die Annektierung des Herzogtums Oldenburg, das seinem Schwager gehörte, verärgert. Der Erlaß vom 31. Dezember 1810, der die russischen Häfen für neutrale Schiffe öffnete, verschärfte die bereits bestehenden Differenzen.

In den Jahren 1811 und 1812 wuchs die Spannung zwischen den beiden Verbündeten von Tilsit, und jeder der beiden sah sich nach Unterstützung um. Der Zar erhielt den Beistand Schwedens durch ein Einvernehmen mit dessen Thronfolger Bernadotte, dem er Norwegen versprach; außerdem schloß er Frieden mit der Türkei. Napoleon verpflichtete Preußen, ihm 20000 Mann zur Verfügung zu stellen; weitere 30000 erhielt er von Österreich gegen das Versprechen, die illyrischen Provinzen zurückzugeben.

Einschließlich der Kontingente der Alliierten hatte der Kaiser nunmehr 1100000 Mann zur Verfügung, davon wurden 200000 in Spanien und ebensoviel in Frankreich und Italien belassen; 700000 wurden in Deutschland und Polen konzentriert, davon 500000 in vorderster Linie. Die Hälfte dieser Fronttruppen stammte aus dem Kaiserreich, davon kamen lediglich 125000 bis 140000 Mann aus dem alten Frankreich und die übrigen aus den ausländischen Departements; den Rest bildeten die alliierten Kontingente: Holländer, Deutsche (darunter die oben erwähnten Preußen und Österreicher), Polen, Schweizer, sogar Spanier; es war die Armee der zwanzig Nationen. Die französischen Regimenter, mit Ausnahme der Garde, bestanden nur zu einem Zehntel aus kampferprobten Soldaten. Die zahlenmäßige Stärke der Armee zwang Napoleon, Leuten wie Ney, Eugène de Beauharnais, Jerôme Kommandos zu übertragen, die indes unfähig waren, mit derartigen Truppenmassen umzugehen. Der von einer Reihe hoher Offiziere zur Schau gestellte übermäßige Luxus verleitete viele Soldaten zur Disziplinlosigkeit.

Napoleon trat den Feldzug mit falschen Vorstellungen an. Er glaubte, die Leibeigenen würden sich erheben, weil er ihnen die Prinzipien von 1789 brachte, von denen sie jedoch noch nie gehört hatten. Er versuchte übrigens nicht, sie zu emanzipieren, um eine Versöhnung mit Alexander, an die er fest glaubte, nicht zu gefährden. Er rechnete mit einer Abwertung des Rubels und ließ eine Menge Falschgeld drukken, um dessen Sturz zu beschleunigen. In der Annahme, der Zar werde noch vor dem Winter verhandeln, weigerte er sich, seinen Troß mit Pelzen für die Soldaten und eissicheren Hufeisen für die Pferde zu beladen.

Die unendliche Weite des Landes, die Taktik und die Zähigkeit der Russen sowie der Partisanenkrieg der Bauern vereitelten seine im Hinblick auf einen zügigen Feldzug entworfenen Pläne. Er stieß auf einen grimmigen Widerstand seitens des Volkes, dem die Natur und das Klima zu Hilfe kamen, wenngleich die Katastrophe bereits eingesetzt hatte, bevor die Strenge des Winters sich verschärfte. Zur Absicherung seiner rückwärtigen Basis hatte er den Papst nach Fontainebleau bringen lassen (März 1812).

Am 24. Juni 1812 überquerte die Armee der zwanzig Nationen die Memel. Die Russen, zu diesem Zeitpunkt zahlenmäßig unterlegen, wichen zurück, ohne eine entscheidende Schlacht zu liefern, zumal kein natürliches Hindernis Napoleon erlaubte, sie in die Enge zu treiben. Seine Armee erschöpfte sich in der Verfolgung eines gleichsam sich verflüchtigenden Feindes; ohne zu kämpfen, hatte sie bereits Mitte August 150000 Mann durch Fahnenflucht und Krankheit eingebüßt. Die Pferde gingen infolge der Hitze in so großer Zahl ein, daß die Heeresintendantur ihre Funktion nicht erfüllen konnte. Infolgedessen mußte die Armee von einem bei ihrem Herannahen sich entvölkernden und aller Ressourcen entblößten Land leben. Das Marodieren begünstigte die Fahnenflucht, hauptsächlich unter den Nicht-Franzosen. Napoleon suchte – vergeblich – die Russen bei Smolensk zu umfassen: Seine Vielvölkerarmee vermochte nicht mit der gleichen Schnelligkeit zu manövrieren wie seine früheren Armeen, die vorwiegend aus Franzosen bestanden hatten.

Vor Moskau stellte sich Kutusow zum Kampf; es kam zur Schlacht von Borodino, auch als Schlacht an der Moskwa bekannt (5.–7. September), einer schlimmeren Metzelei als bei Preußisch-Eylau; die russische Armee wurde jedoch keineswegs vernichtet und konnte sich zurückziehen. Napoleon zog in Moskau ein. Unter dem Druck der Adligen und der emigrierten deutschen Patrioten weigerte sich Alexander, die Verhandlungen aufzunehmen, die Napoleon ihm anbot. Die Stadt wurde durch eine Feuersbrunst zerstört, die die französische Armee der erhofften Vorräte beraubte. Angesichts der Gefahr, durch die Russen von seiner rückwärtigen Basis abgeschnitten zu werden, befahl der Kaiser den ihm verbleibenden 100000 Mann den Rückzug.

Kutusow drängte die Franzosen auf die auf dem Hinmarsch bereits verwüstete Straße nach Smolensk zurück, wo die Kosaken ihnen zusetzten und die russischen Bauern die Verwundeten und Nachzügler erledigten. Am 5. November begann die erste Winteroffensive; sie dauerte nur drei Tage, in deren Verlauf die Armee 65000 Mann verlor. Zu diesem Zeitpunkt erfuhr Napoleon, daß General Malet am 25. Oktober in Paris durch Verbreiten des Gerüchts, der Kaiser sei tot, beinah den Sturz der Regierung herbeigeführt hätte, und daß in der Aufregung niemand an Napoleon II. gedacht habe; das zeigte dem Kaiser, daß die vierte Dynastie im Denken der Franzosen so gut wie gar nicht existierte. Am 14. November setzte die große Kälte ein, und der Rückzug verwandelte sich in eine Katastrophe. Beim Übergang über die Beresina (26.–29. November) entging Napoleon mit knapper Not der russischen Armee. Am 5. Dezember verließ er seine Armee, um nach Paris zurückzukehren. Am 16. Dezember überquerten ihre Überreste – 18000 Mann – die Memel. Sie hatte mindestens 380000 Soldaten verloren; über 100000 Mann waren gefangengenommen worden; 1200 Kanonen hatten zurückgelassen werden müssen.

Napoleon in der Schlacht von Smolensk. 1812. Gemälde von J. M. Langlois.

Auch in Spanien ging das Jahr schlecht zu Ende. Andalusien war endgültig verloren, und die Engländer verfügten nunmehr über solide Ausgangsstützpunkte für den nächsten Feldzug.

Die Katastrophen von 1813

Napoleon ging daran, seine Armee neu zu organisieren. Mit den im September 1812 einberufenen 120000 Mann des Wehrpflicht-Jahrgangs 1813, 100000 bislang vom Wehrdienst Befreiten der Wehrpflicht-Jahrgänge 1805–1812, 180000 Nationalgardisten und den aus Spanien zurückberufenen Soldaten hatte er 350000 Mann, um Deutschland zu halten. Aber ihm standen nur 15000 Mann Kavallerie zur Verfügung, und es fehlte an Offizieren. Die Ausrüstung war zunehmend mit Fertigungsmängeln behaftet. In der Schlacht an der Katzbach versagten in manchen Regimentern zwei Drittel der Gewehre. Die Lafetten und die Räder der Kanonen waren aus nicht hinreichend abgelagertem Holz gefertigt und brachen infolgedessen zusammen.

Am 30. Dezember 1812 und am 30. Januar 1813 wurden die preußischen und die österreichischen Korps abtrünnig, die den Nord- und Südflügel der Rußland-Armee gebildet und nicht viel gekämpft hatten; dadurch waren die Franzosen gezwungen, zunächst bis an die Oder und dann bis an die Elbe zurückzugehen. Im Februar 1813 wurde Polen von den Russen besetzt. In dem nun beginnenden Deutschland-Feldzug beging Napoleon schwerwiegende Fehler: Er zersplitterte seine Truppen allzu sehr, war übermäßig bestrebt, die Festungen – Danzig, Stettin, Hamburg, Magdeburg – zu schützen, und vergaß das wesentliche Prinzip seiner Doktrin: die Truppenkonzentration. Umfangreiche Volkserhebungen brachen hinter seinen Linien aus und behinderten in hohem Maße seine Bewegungen.

Die erste dieser Erhebungen ereignete sich in den hanseatischen Gebieten im Feburar 1813, als sich sowohl Preußen als auch Österreich noch nicht im Kriegszustand befanden. Die Aufständischen wurden von einfallenden Kosaken unterstützt, und Davout vermochte des Ganzen nur mit Mühe Herr zu werden. Am 28. Februar 1813 schlossen Preußen und Rußland ein Bündnis. Am 17. März erklärte Preußen Frankreich den Krieg, und der preußische König rief unter dem Druck der Patrioten die Fürsten und Völker Deutschlands auf, das französische Joch abzuschütteln. Einige Tage später traten die beiden Mecklenburg (das Herzogtum Mecklenburg mit den Fürstentümern Mecklenburg-Schwerin und Mecklenburg-Strelitz) sowie das Herzogtum Anhalt mit den vier Fürstentümern Dessau, Bernburg, Köthen und Zerbst aus dem Rheinbund aus und stellten ihre Truppen der Koalition zur Verfügung.

In Holland brachen Aufstände aus, und man forderte die Rückkehr des Prinzen von Oranien. Am 17. März 1813 verließ Joseph endgültig Madrid. In der Hoffnung, die Bedenken der Katholiken beschwichtigen zu können, hatte Napoleon sich dem Papst zu nähern gesucht. Am 25. Januar hatte er ihm das Konkordat von Fontainebleau aufgezwungen, mit dessen Hilfe die zahlreichen vakanten Bischofssitze besetzt werden sollten, aber am 24. März zog der Papst seine Unterschrift zurück.

Im Frühjahr 1813 eröffnete Napoleon die Offensive in Sachsen; in einem brillanten Manöver schlug er die Preußen und die Russen bei Lützen (2. Mai) und bei Bautzen (21. Mai), konnte sie jedoch, in Ermangelung einer hinreichend starken Kavallerie, nicht aufreiben. Angesichts dieser Niederlagen bot Österreich seine Vermittlung an, und am 4. Juni wurde in Pleisnitz ein Waffenstillstand unterzeichnet.

Wien war zum Schiedsrichter der Situation geworden. Am 14. Juni verpflichteten sich Preußen, Rußland und England im Abkommen von Reichenbach, keinen Frieden zu schließen, ehe Frankreich nicht in seine Grenzen von 1792 zurückverwiesen wäre. Auf dem Kongress von Prag stellte Metternich Napoleon vor die Wahl, alle seine Eroberungen mit Ausnahme des linken Rheinufers und Norditaliens herauszugeben, andernfalls träte Österreich der Koalition bei. Napoleon verweigerte jegliches Zugeständnis. Gleichzeitig erfuhr er, daß Marschall Soult von Wellington bis zur baskischen Grenze zurückgedrängt worden war: Der Augenblick, in dem Europa seine Häfen wieder für die englischen Waren öffnete, bezeichnete das Ende der Kontinentalsperre. Am

7. August richtete Österreich ein Ultimatum an Napoleon mit der Aufforderung, Frankreichs Grenzen von 1800 wiederherzustellen. Das bedeutete Krieg.

Zum erstenmal stand Napoleon einer umfassenden Koalition gegenüber, die ihre Streitkräfte – 500000 Mann einschließlich der Schweden unter Bernadotte – einem einheitlichen Oberkommando unterstellt hatte (General v. Schwarzenberg). Der Kaiser konnte ihnen mit Mühe und Not 250000 Mann entgegensetzen, deren Ausbildung zu wünschen übrigließ. Er schlug die Österreicher bei Dresden (26. August), aber die Alliierten zwangen ihn und seine Heerführer zu einer Reihe von Märschen in unterschiedliche Richtungen, die die Truppen erschöpften und die Fahnenflucht, vor allem in den Kontingenten des Rheinbundes, begünstigten. Seine Heerführer ließen sich einer nach dem anderen besiegen, und auf diese Weise verlor der Kaiser innerhalb von vierzehn Tagen 150000 Mann und fast seine gesamte Artillerie.

Am 30. September 1813 unternahm das preußische Freikorps unter General Alexander Tschernyschew einen Angriff auf Kassel, der den Zusammenbruch des Königreichs Westfalen einleitete und König Jérôme zur Flucht zwang. Am 15. Oktober öffnete das Volk von Bremen den Russen unter Oberst Tettenborn die Tore der Stadt. Bayern gab das Zeichen zur Auflösung des Rheinbunds: Der von Napoleon am meisten verhätschelte Staat verbündete sich mit Österreich und stellte der Koalition sofort mehr Männer zu Verfügung, als Napoleon ihm jemals abverlangt hatte.

Um einer Umzingelung zu entgehen, hatte Napoleon sich nach Leipzig zurückgezogen, wo er sich der Koalition stellte (Völkerschlacht bei Leipzig, 16.–19. Oktober 1813). Die Ankunft der 100000 Schweden unter Bernadotte, der Abfall der sächsischen Kontingente, der Mangel an Artillerie, die Passivität einiger Heerführer, etwa Augereaus, erklären die Niederlage, die den Kaiser 60000 Mann kostete. Die Reste der Armee zogen sich an den Rhein zurück und vernichteten im Vorbeiziehen bei Hanau die Bayern, die ihnen den Weg abzuschneiden versuchten. Ganz Deutschland schloß sich den Siegern an. Im November kehrten die Franzosen hinter den

Rhein zurück. In der Hoffnung, Deutschland zurückerobern zu können, hatte Napoleon 100000 Mann in den Festungen an der Weichsel, der Oder und der Elbe gelassen; sie hielten bis 1814 aus. Um den 230000 Alliierten Widerstand zu leisten, hatte er nur noch 56000 Mann, verstreut zwischen Basel und Nimwegen.

An den übrigen Fronten war die Lage ebenso verzweifelt. Zehn Tage vor der Schlacht bei Leipzig hatte Wellington den Fluß Bidasoa im äußersten Norden Spaniens überschritten. Am 11. November 1813 gab Napoleon Ferdinand VII. seinen Thron zurück. Im November war Österreich in Italien eingefallen, das Eugène de Beauharnais erbittert gegen die in der Toskana gelandeten Engländer verteidigte; Murat verhandelte mit Metternich und ließ in seinen Häfen englische Waren zu. In der Schweiz erklärte der Bundestag die Mediationsakte für ungültig, und die Alliierten marschierten in das Land ein (21. Dezember). Am 16. November hatte sich Holland erhoben. Die Russen erreichten Amsterdam, und Prinz Wilhelm von Oranien trat wieder in seine Rechte ein. Um das Maß voll zu machen, standen die Österreicher am 23. Dezember im Elsaß.

Der Frankreich-Feldzug und die erste Abdankung (1814)

Am 9. November 1813 hatten die Alliierten in Frankfurt Napoleon den Frieden auf der Basis der natürlichen Grenzen angeboten. Napoleon beschloß anzunehmen, denn die öffentliche Meinung in Frankreich wollte den Frieden, und in Paris wurde intrigiert und von einer Regentschaft Josephs oder Bernadottes gesprochen. Als die Alliierten Napoleons positive Antwort erhielten, erwiderten sie, es sei zu spät. Am 19. Dezember richtete die Gesetzgebende Körperschaft in Form eines von dem Abgeordnten Laîné verlesenen Berichts die Aufforderung an Napoleon, ihr die Friedenspläne mitzuteilen und die bürgerlichen und politischen Freiheiten zu garantieren, und ersuchte den Kaiser, den Krieg «einzig und allein für die Unabhängigkeit und die Sicherheit des Staatsgebiets» fortzusetzen, kurz, sie verurteilte seine gesamte Politik. Napoleon vertagte die Gesetzgebende Körperschaft. Im Westen erwachte erneut der Royalismus.

Am 9. Oktober 1813 hatte man, auf die Nicht-Ausgehobenen der früheren Jahrgänge zurückgreifend, insgesamt 120000 Mann der Wehrpflicht-Jahrgänge bis einschließlich 1814 und, vorausgreifend, ebenso viele des Jahrgangs 1815 (das waren die sog. Marie-Louise-Rekruten, weil die Kaiserin zu diesem Zeitpunkt als Regentin fungierte) einberufen, und am 15. November wurden noch einmal 300000 im Rückgriff auf die nicht ausgeschöpften Kontingente der Jahrgänge IX (1800/1801) bis 1814 eingezogen. Angesichts dieser neuen Opfer empörte sich die Nation: Man wollte nur noch Frieden, und auf die Invasion reagierte das Volk so gut wie gar nicht, ausgenommen in den besetzten Gebieten auf Gewaltakte der Russen und der Preußen. Der Kaiser wagte nicht, wie im Jahre 1793 zu verfahren und die Massenaushebung anzuordnen. Bei Wiederaufnahme der Kampfhandlungen hatte er an der nordöstlichen Front den 260000 Mann der Koalition lediglich 70000 schlecht ausgerüstete Soldaten, darunter eine Handvoll alter Haudegen, entgegenzusetzen.

Es kam ihn teuer zu stehen, daß er die festen Plätze im alten Frankreich vernachlässigt hatte. Im Januar 1814 eroberten die Alliierten Montbéliard, Dôle, Langres und Dijon. Blücher und Schwarzenberg waren bis in die Champagne vorgedrungen, ohne daß die Festungen in Ostfrankreich hinreichend Widerstand geleistet hätten, um dem Kaiser genügend Zeit zu geben, seine Vorbereitungen abzuschließen. Indem er es Marschall Soult überließ, den Vorstoß Wellingtons im aquitanischen Süden aufzuhalten, und Eugène de Beauharnais, in Italien gegen die in der Toskana gelandeten Engländer zu kämpfen und sich Murat entgegenzustellen, der Verrat begangen hatte in der Hoffnung, auf diese Weise seinen Thron von Neapel retten zu können, widmete sich Napoleon der Front im Nordosten. Ehe er sich zur Armee begab, hatte er Anweisung gegeben, den Papst nach Italien zurückzubegleiten.

Bülow marschierte mit den englisch-preußischen Truppen durch das Tal der Oise, Blücher rückte mit den Preußen durch das Marne-Tal vor, und Schwarzenberg zog mit österreichischen und russischen Truppen durch das Tal der Aube. Napoleon, der sich nun wieder auf einem Kriegsschauplatz befand, welcher den Prinzipien seiner militärischen Taktik voll und ganz entsprach, manövrierte aus zentraler Stellung zwischen den feindlichen Armeen. Im Norden, mit dem Kranz der von Vauban befestigten Plätze im Rücken, hielt General Maison die Armee Winzingerodes in Schach, so daß der Kaiser seine Gefechtsbewegungen zwischen Aube und Marne ausführen konnte. Napoleon fiel über die Preußen her und sprengte sie auseinander (10. und 14. Februar bei Champaubert und Montmirail), um dann die Österreicher bei Montereau (18. Februar) zu überrumpeln.

Die Alliierten, durch diese Niederlagen entmutigt, wären bereit gewesen, den Frieden anzunehmen, den Napoleon ihnen auf dem Kongreß von Châtillon unter Zugrundelegung ihrer in Frankfurt gemachten Vorschläge anbot; aufgestachelt von dem englischen Außenminister Lord Castlereagh, der sich nur noch auf die Grenzen von 1792 einlassen wollte, verzichteten sie jedoch auf Napoleons Angebot. Im März verschlimmerte sich die Lage Frankreichs. Am 16. März wurde Marschall Augereau, der mit der Verteidigung des Jura beauftragt war, geschlagen, und am 21. überließ er den Österreichern kampflos Lyon. Marschall Soult zog sich nach Toulouse zurück. Am 14. März hielt Wellington seinen Einzug in Bordeaux, wo der royalistische Bürgermeister und der Herzog von Angoulême die Restauration der Bourbonen proklamierten. Bernadotte näherte sich entlang der Oise mit 100000 Mann.

Nach dem Abbruch der Friedensverhandlungen (9. März) war alles nur noch eine Frage der zahlenmäßigen Überlegenheit. Napoleon versuchte Blücher zu vernichten, indem er ihn an der Aisne in die Enge trieb; um einer Katastrophe zu entgehen, suchte Blücher sich der befestigten Stadt Soissons zu bemächtigen; ohne Artillerie, von zerstörten Festungswerken umgeben und von einer unbedeutenden Garnison gehalten, kapitulierte die Stadt, was Blücher rettete. Da Napoleon bei Laon den Vormarsch der Alliierten auf Paris nicht hatte aufhalten können, verzichtete er darauf, sie an der Fortsetzung ihres Marsches zu hindern, und suchte nach Lothringen zu gelangen – wo die Bevölkerung sich erhoben hatte –, um dort die Versorgungslinien des Feindes abzuschneiden, dann umzukehren und den Gegner vor Paris zu vernichten. Aber seine Rechnung ging nicht auf.

Von den Royalisten gerufen, marschierten die Alliierten nach Paris. Die Stadt besaß keine Befestigungen; sie kapitulierte am 30. März nach heftigen Kämpfen, in denen beide Seiten insgesamt 18000 Mann verloren. Am 3. April 1814 stimmte der Senat, von Talleyrand «bearbeitet», für die Absetzung des Kaisers. Dieser, inzwischen in Fontainebleau angekommen und von der Armee begeistert begrüßt, wollte sich nach Paris in Marsch setzen. Aber seine Marschälle weigerten sich und entrangen ihm die Abdankung zugunsten seines Sohnes (4. April). Marschall Lefèbvre hat ihre Einstellung treffend formuliert: «Glaubt er, daß wir uns nun, da wir Ländereien, Titel und Donationen haben, für ihn töten lassen? Er ist selbst schuld. Er hat uns den Bettelsack zu früh vom Rücken genommen.» In der Nacht vom 4. auf den 5. April nahm die «Ragusade» (von raguser = Verrat üben) des Marschalls Marmont, Herzogs von Ragusa, der seine Truppen zu den feindlichen Linien überlaufen ließ, Napoleon alle Hoffnung, den Kampf wiederaufnehmen zu können. Am gleichen Tag berief der Senat, in dem die Königsmörder nicht fehlten, Ludwig XVIII. auf den Thron. Am 20. April, vor seiner Abreise auf die Insel Elba, nahm Napoleon in Fontainebleau Abschied von den Soldaten der Alten Garde, die ihm als einzige die Treue gehalten hatten.

Am 10. April hatte Marschall Soult vor den Mauern von Toulouse Wellington eine letzte Schlacht geliefert. Marschall Davout in Hamburg kapitulierte erst am 5. Mai. Das war das Ende.

Von der Insel Elba nach Sankt Helena

Die Alliierten beließen Napoleon den Kaisertitel und sicherten ihm die volle persönliche Souveränität über die Insel Elba zu sowie eine von der französischen Regierung auszubezahlende jährliche Rente in Höhe von zwei Millionen Francs (etwa 17,34 Millionen DM in heutiger Währung). Auf der Reise in seinen neuen Staat mußte er im Rhonetal und in der Provence erfahren, wie unbeliebt er war. Am 4. Mai 1814 erreichte er Portoferraio, wo er sogleich eine ungeheure Ak-

Napoleons Abschied in Fontainebleau. Gemälde von Horace Vernet.

tivität entwickelte: Er reorganisierte die Verwaltung, veranlaßte den Bau von Straßen; aber schon bald stellten sich Sorgen und Langeweile ein. Seine Gemahlin und sein Sohn kamen nicht, um die Gefangenschaft mit ihm zu teilen, man bezahlte ihm seine Rente nicht aus, und in Wien redeten die Alliierten davon, ihn auf die ferne Insel Sankt Helena zu bringen. Er wußte, daß in Frankreich bestimmte Leute zugunsten seiner Rückkehr konspirierten. Er erfuhr, daß die Regierung die Unzufriedenheit des Volkes, der Armee, der Käufer von Nationalgütern auf sich gezogen hatte. Am 25. Februar 1815 schiffte er sich ein und landete am 1. März im Golf von Juan.

Was Chateaubriand «die Invasion eines Landes durch einen Mann» nannte, gereichte Frankreich zur Katastrophe. Ein Dorfbürgermeister hatte die Situation klar erkannt, als er zu Napoleon sagte: «Wir begannen uns glücklich und sorgenfrei zu fühlen, Sie werden alles verderben.» Das Rhonetal meidend, überquerte der Kaiser die Alpen. Er bediente sich der Sprache von 1793, nahm die Pose eines Verteidigers der Käufer von Nationalgütern ein, eines Gegners des Zehnten, der Feudalrechte, der Privilegien. Die Adligen attackierend, versprach er: «Ich werde ihnen ein Licht aufstecken!» Es waren Leute aus dem Volk, die die Soldaten (etwa die Männer Marschall Neys in Auxerre) dazu drängten, sich Napoleon anzuschließen. Am 20. März betrat er die Tuilerien, die Ludwig XVIII. am Abend zuvor verlassen hatte.

Mit soviel jakobinischem Odium konfrontiert, bekamen die Notabeln es mit der Angst zu tun – zu Unrecht, denn Napoleon dachte nicht daran, sich auf das Volk zu stützen. Er wußte, daß er das kaiserliche Regime nicht schlicht und einfach wiederherstellen konnte. Er verkündete die Zusatzakte zu den Konstitutionen des Kaiserreichs, die er persönlich mit der Hilfe eines alten Gegners und neuen Verbündeten – Benjamin Constant – verfaßt hatte. Das war ein hinkender Kompromiß, der niemand zufriedenstellte, weder die Notabeln – wegen der Wiedereinführung des allgemeinen Wahlrechts –, noch das Volk, dem die Einführung einer erblichen Pairswürde Mißtrauen einflößte.

Das zur Ratifizierung der Zusatzakte durch das Volk ver-

Die erste Ordensverleihung und die Ehrenlegion im Invalidendom. 1804. Gemälde von J. B. Derbret.

anstaltete Plebiszit geriet zu einer Niederlage: 1 300 000 Ja-Stimmen, 4000 Nein-Stimmen – aber 4 700 000 Enthaltungen! Im Rhonetal, in Bordeaux und in Toulon brachen royalistische Aufstände aus; in der Vendée und in der Bretagne kam es zu einer regelrechten Volkserhebung, gegen die man 20 000 Mann entsenden mußte, die später bei Waterloo fehlten.

Letztlich entschied das Los der Waffen. Um die kriegsmüde und der Aushebungen überdrüssige französische Öffentlichkeit zu beruhigen, vermehrte Napoleon die Beteuerungen seines Friedenswillens gegenüber den Alliierten. Diese erklärten ihn für von ganz Europa geächtet (13. März) und zogen eine Million Soldaten zusammen. Der Krieg war unvermeidlich.

Der Kaiser weigerte sich, die Massenaushebung zu verfügen. Er verteilte 100 000 Mann auf die Vendée, die Pyrenäen, das Departement Var, die Alpen, den Jura und die Gebiete am Rhein. Zum Abmarsch nach Belgien stellte er eine solide Armee von 125 000 Mann auf, die sich zu einem großen Teil aus altbewährten Soldaten, gut ausgestattet mit Artillerie und Kavallerie, zusammensetzte. Es fehlten jedoch die Heerführer von Format; einige waren übergelaufen, andere waren verbraucht, der ausgezeichnete Davout war Kriegsminister, und so mußte dem miserablen Taktiker Ney die taktische Ausführung anvertraut werden.

Napoleon marschierte in Belgien den Armeen Wellingtons und Blüchers entgegen und suchte sie einzeln zu schlagen. Er besiegte Blücher bei Ligny (16. Juni), konnte ihn aber nicht vernichten und überließ es Marschall Grouchy, ihn in Schach zu halten, während er sich Wellington zuwandte. Dieser hatte sich südlich von Waterloo auf der diesem vorgelagerten Hochebene von Mont-Saint-Jean verschanzt. Am 18. Juni ging Napoleon zum Angriff über, dem die Engländer mit ihren gezielten Feuersalven standhielten. Der von Ney schlecht gesteuerte Frontalangriff scheiterte, da keine Bresche in die Karree-Formationen der Engländer geschlagen werden konnte. Schließlich erreichten zunächst die preußischen Truppen unter Bülow, dann die unter Blücher – der Grouchy entkommen war – die rechte Flanke der

Franzosen, die, von der schieren Übermacht des Gegners in die Knie gezwungen, in völliger Auflösung flüchteten.

Napoleons Bruder Lucien, Carnot und Davout beschworen den Kaiser, die Massenaushebung zu verfügen; das einfache Volk von Paris jubelte ihm zu. Aber die Opposition der Kammern blieb unerbittlich. Napoleon dankte am 22. Juni 1815 ab.

Unterwegs an zahlreichen Orten mit lautem Beifall begrüßt, erreichte Napoleon Rochefort und lieferte sich den Engländern aus, die ihn nach Sankt Helena deportierten. Dort starb er am 5. Mai 1821, nach fünf Jahren, sechs Monaten und 27 Tagen einer Gefangenschaft, die ihm ebensosehr zum Ruhm gereicht wie der Sieg bei Austerlitz.

Schluß

«Im Leben hat er die Welt verfehlt, im Tode besitzt er sie.»

«Nachdem wir den Despotismus seiner Persönlichkeit hingenommen haben, müssen wir nun den Despotismus seines Andenkens auf uns nehmen.»

Mit diesen Worten hat Chateaubriand die Wirkung Napoleons auf die Nachwelt sehr gut charakterisiert. Das napoleonische Kriegssystem hat das militärische Denken nachhaltig geprägt: Als Alfred Graf von Schlieffen den berühmten, nach ihm benannten Plan ausarbeitete, hatte er zuvor Napoleons Gefechtsmanöver bei Ulm sorgfälig studiert; ebenso eingehend hatte sich Generaloberst Guderian mit der Verfolgung nach der Schlacht bei Jena beschäftigt, als er seine Theorie über die Einsatzmöglichkeiten von Panzern entwickelte. Was die Bilanz der napoleonischen Kriege angebelangt, so ist sie reich an Folgen:

Die napoleonischen Kriege sind verantwortlich dafür, daß sich Frankreichs Einfluß in Europa verringerte. In diesen Kriegen hat das Land ungefähr eine Million Menschen verloren – die Hälfte davon Vermißte –, die den Verlusten der Jahre 1792–1799 in Höhe von etwa 300000 hinzuzurechnen sind; diese ungeheure Zahl ändert allerdings nichts daran, daß bereits vor der Revolution eine allgemeine Entwicklung eingesetzt hatte, nämlich das Absinken der Geburtenziffer aufgrund des Geburtenrückgangs in der Ehe. Der Aderlaß des Krieges, der zu dem Fallen der Geburtenziffer hinzukam, erklärt weitgehend den Niedergang der Macht Frankreichs nach 1815. Nie mehr wird Frankreich imstande sein, allein, aus eigener Kraft, einen siegreichen Krieg in Europa führen zu können.

Die Alliierten rächten sich an Frankreich für das Ungemach, das sie durch die Revolution und von der Hand des Kaisers erlitten hatten. Lange Zeit hindurch wird man nun Frankreich – sei es legitimistisch, orleanistisch, republikanisch oder bonapartistisch – hauptsächlich Argwohn entgegenbringen. Um seine Grenzen wird ein Cordon sanitaire gezogen: das Königreich der Niederlande, das Antwerpen im Auftrag Englands schützt, Preußen, die neutralisierte Schweizer Eidgenossenschaft, Piemont. Die seit Waterloo offenen Breschen im Norden und Nordosten ermöglichen die Invasionen des Jahres 1870 und des 20. Jahrhunderts. Die Franzosen empfinden den zweiten Vertrag von Paris als Demütigung, und ihr Ressentiment dehnt sich auf das gesamte Werk des Wiener Kongresses aus. Dieser psychologische Faktor erklärt weitgehend die Außenpolitik Napoleons III. Mehr noch als Napoleon I. war Spanien der große Verlierer des Krieges, der auf seinem Boden ausgetragen wurde: Hunderttausende von Opfern, das Staatsvermögen großenteils ruiniert, die amerikanischen Kolonien an der Schwelle der Sezession; vor allem aber war die aufgeklärte Elite des Landes vernichtet, die ihm zur Teilnahme an der großen Bewegung zur Welterneuerung hätte verhelfen können – sie wurde Opfer der Wirren, die sich aus den Differenzen zwischen *illustrados* und *afrancesados* ergaben.

Die Kriege des Kaiserreichs, die auf die der Revolution folgten und sich ereigneten, nachdem die Vereinigten Staaten ihre Unabhängigkeit erlangt hatten, läuteten das Ende der europäischen Herrschaft über den amerikanischen Kontinent ein. Auf Asien und auf Afrika richteten sich nunmehr die Blicke der Kolonialmächte.

Die napoleonische Herrschaft über Europa brachte dem Ancien Régime entscheidende Schläge bei, wenn sie auch nicht überall sein sofortiges und völliges Verschwinden zur Folge hatte. Unter diesem Gesichtspunkt begreift man, daß Friedrich Engels, zumindest im Hinblick auf Deutschland, die allzu kurze Dauer der französischen Hegemonie bedauerte. Die Käufer von Kirchengütern bemühten sich, die Landwirtschaft aus ihrer Lethargie aufzurütteln, und in der Industrie erleichterten die Abschaffung der Zwänge des Zunftwesens und die Einführung des Systems des freien Unternehmertums die Entwicklung der kapitalistischen Wirtschaft.

Der von Napoleon mit Hilfe der Kontinentalsperre und des Kontinentalsystems geführte Wirtschaftskrieg hinterließ bleibende Spuren. Die Unterbrechung der Seeverbindungen zog den endgültigen Niedergang der alten, für die überseeischen Märkte produzierenden Manufakturen – etwa der Leinenwebereien in Westfalen – nach sich. Hingegen fanden sich alle Industrien begünstigt, die von der englischen Konkurrenz bedroht waren. Die Baumwollindustrie mag ihr Entstehen nicht Napoleon verdanken, aber die Kontinentalsperre sorgte für ihre dauerhafte Verwurzelung in Sachsen, in der Schweiz und im Elsaß. In Spanien und in Italien konnte sie sich nicht entwickeln, da diese Gebiete den französischen Fabrikanten vorbehaltene Absätzmärkte waren; daraus erklärt sich weitgehend die verspätete Teilnahme dieser Länder an der industriellen Revolution des 19. Jahrhunderts. Der Schleichhandel schuf die ersten «Millionäre» in Straßburg, Frankfurt und Köln. Er hatte die Anhäufung von Kapitalien zur Folge, die nach 1815 in die Industrie und in das Bankwesen gesteckt wurden. Eben weil es die Kontinentalsperre gab, entwickelte sich Frankfurt, Drehscheibe des Schleichhandels, zur Stadt der Bankiers und Financiers: Das waren die Anfänge der Vermögen der Rothschilds, die sich nun auch in London und in Paris niederließen. Ihr Imperium war im Aufbau begriffen, als das Reich Napoleons ins Wanken geriet.

Die napoleonische Europapolitik drückte sich in der Schaffung bedeutender wirtschaftlicher Infrastrukturen aus. Mit zunehmender Lähmung der Seeverbindungen gewannen die innerkontinentalen Verbindungswege an Bedeutung: Straßen und Flüsse ersetzten das Meer. Man denke an das Geständnis Napoleons gegenüber Las Cases: «Sie wollen meine wahren Schätze kennenlernen? Hier sind sie: das eindrucksvolle Hafenbecken von Antwerpen, die Docks von Venedig, die großartigen Straßen von Venedig nach Amsterdam, von Mainz nach Metz, von Bordeaux nach Bayonne, die Straßen über den Simplon, den Mont Cenis, den Mont Genèvre und entlang der Corniche, die die Alpen nach vier Richtungen hin öffnen.» Er hätte hinzufügen können, die Straßen, die in die illyrischen Provinzen führen und die bis ins Zeitalter der Eisenbahn hinein «an die Zollbeamten Napoleons und an die kurzlebige Herrschaft des Kontinentalsystems erinnern». Dem wilhelminischen Deutschland fiel es zu, das im Senatsbeschluß vom 12. Dezember 1810 dargelegte Projekt zu verwirklichen: Die Verbindung der Ostsee mit der Nordsee durch einen Kanal, der Lübeck an Hamburg anschließen und dann bis zum Rhein verlängert werden sollte.

Die Revolution hatte die Franzosen gelehrt, daß jede Schwächung der Exekutive den Staat zur Ohnmacht verurteilt und das Land in die Anarchie führt; die Erfahrung mit Napoleon zeigte ihnen, daß jede Herrschaft in Despotismus ausarten kann. Seit 1815 haben sie stets von einem Regime geträumt, das Ordnung mit Freiheit in Einklang brächte, und gerade weil dieses Gleichgewicht immer nur schwer aufrechterhalten werden kann, ist der Bonapartismus im Schloßhof von Fontainebleau nicht verstummt. Er machte sich jedesmal wieder bemerkbar, wenn die Franzosen, der Hilflosigkeit der Parteien überdrüssig, das Bedürfnis empfanden, regiert zu werden, jedesmal, wenn die Politiker sich außerstande fühlten, der Schwierigkeiten Herr zu werden, in die sie das Land geführt hatten. Auf diese Weise vertraute sich die Nation 1848 Louis Napoléon an, 1917 Clemenceau, 1940 Pétain, 1958 de Gaulle – immer mit dem Hintergedanken, sich des «Retters» zu entledigen, sobald sie ihn nicht mehr brauchte.

Das Konsulat und das Kaiserreich haben Frankreich die Verwaltungsorganisation und die richterlichen Kader hinterlassen, die es nahezu unverändert bis auf den heutigen Tag beibehalten hat. Die Einführung der Dezentralisation hat das napoleonische Prinzip der Führung der Gemeinden durch gewählte und beratende Gremien und durch Regierungsvertreter in Kraft belassen, wenngleich die Kompetenzen der erstgenannten auf Kosten der Zuständigkeiten der zweitgenannten erweitert worden sind. Angesichts der politischen Instabilität hat der Fortbestand der von Napoleon eingeführten Institutionen – Magistratur, Staatsrat, Banque de France, Rechnungshof, hoher Verwaltungsdienst – für die Kontinuität des Landes gesorgt. Das Abitur als erstrebenswerter Schulabschluß geht auf Napoleon zurück, und niemand hat je die Ehrenlegion abgelehnt mit der Begründung, sie sei napoleonischen Ursprungs. Der Code Napoléon ist und bleibt

– ungeachtet der durch die örtlichen und zeitlichen Umstände bedingten Anpassungen – die Grundlage des Zivilrechts für nahezu 300 Millionen Menschen in der Alten und der Neuen Welt.

In Gestalt der Legende geht Napoleon ein zweites Mal in die Geschichte ein. In Sankt Helena entwirft er das Bild, das die Nachwelt von ihm behalten soll. Er präsentiert sich als Beschützer unterdrückter Völkerschaften, als Verfechter des Friedens, der von den Mächten des Ancien Régime zum Krieg gezwungen wurde, als Verteidiger der Freiheit, der nur aus Notwendigkeit zum Despoten wurde. Aber mehr noch als das *Mémorial* von Sankt Helena werden die alten Soldaten, beim Erzählen ihrer Feldzugserinnerungen ihre einstigen Leiden vergessend, zu Verherrlichern eines Helden, der sie durch ganz Europa führte – sie sind die wahren Autoren der Legende. Um die bonapartistischen Bestrebungen einzudämmen, sorgen England und Louis Philippe im Jahre 1840, nach dem Scheitern des zweiten «Putsches» des Neffen Louis Napoléon Bonaparte in Boulogne, für die Heimkehr der sterblichen Überreste des Kaisers.

Mit der Zeit wird die Legende unmerklich zum Mythos, denn die heroische Leistung und das Unglück des besiegten Helden fesseln nach wie vor die Einbildungskraft der Menschen. Seine Person und sein Schicksal sind für die Literatur, das Theater, das Varieté, sogar für den Kriminalroman zu einer unerschöpflichen Quelle geworden. Auf diese Weise hat er sich dem kollektiven Gedächtnis eingeprägt. Um sich das Wohlwollen der Franzosen zu erwerben, übergibt ihnen Hitler im Jahre 1940 die sterbliche Hülle des Aiglon; zum 200. Jahrestag der Geburt Napoleons bringen die Arabischen Emirate Briefmarken mit seinem Bild heraus. So behauptet Napoleon den Platz, den er in der Geschichte innehat, auch außerhalb des rein historisch-wissenschaftlichen Interessengebiets. Daß in einer 1985 von der französischen Botschaft in Lagos herausgegebenen Broschüre mit dem Titel *Deux mille ans d'histoire de France* (Zweitausend Jahre Geschichte Frankreichs) sein Name nicht erwähnt wird und die Zeitspanne von 1804 bis 1815 lediglich die Bemerkung *Monarchy restored* verdient zu haben scheint, wird daran nichts ändern.

Nachwort
von Eberhard Weis

Roger Dufraisse, geboren 1922 in Paris, war nach dem Kriege zunächst Lehrer an Gymnasien, darunter 6 Jahre an französischen Schulen in Deutschland, dann als Assistent, später als Professor an der Universität Caen tätig. Seit 1979 wirkt er als Professor und Directeur d'Études an der international hoch angesehenen Graduiertenuniversität École Pratique des Hautes Études, IVe Section, in Paris. 1987/88 verbrachte er ein Forschungsjahr als Mitglied des Historischen Kollegs in München.

Seit seiner Studienzeit und seinen frühen Aufenthalten in Deutschland befaßte sich Dufraisse besonders mit dem napoleonischen Empire und seinen politischen, rechtlichen und wirtschaftlichen Auswirkungen auf Frankreich, aber auch auf die Nachbarländer Italien, Belgien, die Niederlande, die Schweiz, ferner auf Polen, insbesondere aber auf Deutschland. Dabei kam ihm seine spezielle Erfahrung als Wirtschaftshistoriker zugute. Roger Dufraisse hat auch über andere Epochen gearbeitet: das Ancien Régime, die Französische Revolution, die deutsche Geschichtsschreibung des 19. und 20. Jahrhunderts, Deutschland zur Zeit der Weimarer Republik. Immer wieder kehrte er jedoch mit seinen Forschungen zum ersten französischen Kaiserreich zurück. Fast überall, wo in den letzten Jahrzehnten ein internationales Kolloquium über Fragen dieses Zeitalters durchgeführt wurde, suchte man Roger Dufraisse als Referenten zu gewinnen. Er trat bei vielen wissenschaftlichen Tagungen auf in Deutschland, Italien, Polen und natürlich vor allem in Frankreich selbst. Auch an zahlreichen deutschen Universitäten hielt er Gastvorträge. Der besondere Erfolg des Redners Dufraisse beruht auf dem didaktisch hervorragenden Aufbau, der Klarheit, der quellenmäßigen Fundierung seiner Vorträge, auf seiner Rhetorik, seinem Humor, aber auch seiner Bereitschaft und Fähigkeit zur offenen und interessanten Diskussion. Aus diesen Gründen waren seine Vorträge auch bei deutschen Studenten stets sehr erfolgreich. Es gibt nur wenige Historiker, die in dem Maße wie Dufraisse in Frankreich zur Kenntnis der deutschen und in Deutschland zur Kenntnis der französischen Forschungsliteratur beigetragen haben.

Die vorliegende Darstellung «Napoleon» richtet sich sowohl an Fachleute als auch an einen größeren historisch interessierten Leserkreis. Beide versteht der Verfasser gleichermaßen anzusprechen und zu informieren. Das in erster Auflage 1987 in Paris erschienene Buch wurde bereits ins Englische, Japanische und Portugiesisch-Brasilianische übersetzt. Sein Inhalt entspricht dem heutigen Stand der Forschung und des historischen Bewußtseins. Wie hinsichtlich der Französischen Revolution, so geht es auch hinsichtlich Napoleons in der Geschichtswissenschaft seit langem nicht mehr um Verherrlichung oder Verdammung, sondern um differenzierte Erforschung und abwägende Analyse. Nationale Vorurteile gibt es in der seriösen Geschichtswissenschaft schon seit einem Jahrhundert kaum mehr. Im Gegenteil: Die französische Geschichtswissenschaft beurteilte seit dem 19. Jahrhundert Napoleon im allgemeinen negativer als die deutsche.

Besonderes Gewicht legt der Verfasser in seiner Darstellung auf das Verhältnis Napoleons zur Revolution, auf die für Frankreich bis heute prägenden, für Europa damals vorbildlichen Institutionen der Verwaltung, des Bildungswesens, des Rechts (Code Napoléon), der Wirtschaftspolitik, ferner auf den Wandel, dem die Außenpolitik des Imperators (und seine Persönlichkeit mit dem zunehmenden Verlust des Realitätssinnes) unterworfen war, schließlich auf die Überspannung der französischen Kräfte seit 1808, auf die Ausbeutung der europäischen Verbündeten und auf die anderen Ursachen des Sturzes. Er stellt auf der anderen Seite das heraus, was von Bonapartes Werk für Frankreich und teilweise auch für seine Nachbarländer von bleibender Bedeutung war, wie «Beamtenschaft, Staatsrat, Bank von Frankreich, Rechnungshof, welche die Kontinuität des Landes gesichert haben». Dufraisse nennt ferner das Bildungswesen, den Code civil, der noch heute trotz aller Änderungen im einzelnen die Grundlage des Zivilrechts für 300 Millionen Menschen in allen Erdteilen sei. Zu den Errungenschaften, die zur Zeit Napoleons großenteils auf die Länder seiner Verbündeten übertragen wurden, gehörten Bauernbefreiung, Gewerbefreiheit, Gleichheit vor dem Gesetz, gleicher Zugang zu öffentlichen Ämtern ohne Rücksicht auf die Herkunft, aber aufgrund von Leistung und Bildung, Gleichberechtigung der religiösen Bekenntnisse. Für Frankreich selbst hat Napoleon diese Neuerungen der Revolution erst in eine stabile und dauerhafte gesetzliche Form gegossen. Man kann dem ebenso fundierten und materialreichen wie andererseits knapp, präzise und interessant geschriebenen Buch von Roger Dufraisse nur den verdienten Erfolg wünschen.

Anhang

Bibliographie

Bergeron, Louis, L'épisode napoléonien. Aspects intérieurs (1799–1815), Paris 1972.
Calvet, Henri, Napoléon, Paris 1953 (Sammlung «Que sais-je?»).
Crouzet, François, L'économie britannique et le blocus continental, 2 Bde., Paris 1958.
Dufraisse, Roger, L'Allemagne à l'époque napoléonienne. Questions d'histoire politique, économique et sociale, Bonn 1992.
Godechot, Jacques, L'Europe et l'Amérique à l'époque napoléonienne, 1800–1815, Paris 1967 (Sammlung «Nouvelle Clio»).
Godechot, Jacques, Napoléon, Paris 1969.
Godechot, Jacques, Les institutions de la France sous la Révolution et l'Empire, Paris ³1985.
La France à l'époque napoléonienne, Sonderheft der Revue d'Histoire moderne et contemporaine Bd. XVII, Juli/Sept. 1970.
Lefebvre, Georges, Napoléon, 6. Aufl., bearbeitet von Albert Soboul, Paris 1969, deutsch: Napoleon, Stuttgart 1989.
Lovie, Jacques und Palluel-Guillard, André, L'épisode napoléonien, Aspects extérieurs (1799–1815), Paris 1972 – beide Bände zusammen stellen Bd. 4 bzw. 5 der «Nouvelle Histoire de la France contemporaine» dar.
Madelin, Louis, Histoire du Consulat et de l'Empire, 16 Bde., Paris 1936–1954.
Manfred, Albert, Napoleon, Köln 1981, Original Moskau 1973.
Mistler, Jean, Napoléon et l'Empire, 2 Bde., Paris 1968.
Ponteil, Félix, Napoléon et l'organisation autoritaire de la France, Paris 1956.
Ponteil, Félix, La chute de Napoléon Iᵉʳ et la crise française de 1814–1815, Paris 1943.
Soboul, Albert, Le Directoire et le Consulat, Paris ³1980.
Soboul, Albert, Le Premier Empire, Paris ²1980. Beide zusammen in der Sammlung «Que sais-je?»
Tarlé, Eugène, Napoléon, Moskau, Editions en langues étrangères, ³1966, erstmals 1937.
Tulard, Jean, Napoléon ou le mythe du sauveur, Paris 1977, 2. Aufl. 1986, deutsch: Napoleon oder der Mythos des Retters, Tübingen 1977, Berlin 1982. Modernste umfassende Biographie, mit eingehender, kritischer Bibliographie.

Tulard, Jean, Le Grand Empire, 1804–1815, Paris 1982.
Tulard, Jean, Napoléon et la noblesse d'Empire, Paris 1979.
Tulard, Jean (Hg.), Dictionnaire Napoléon, Paris 1987, Supplément 1989.
Tulard, Jean, Frankreich im Zeitalter der Revolutionen, 1789–1851, Stuttgart 1989 (Bd. 4 der von Jean Favier herausgegebenen Geschichte Frankreichs – Histoire de France). Französisch: Les Révolutions de 1789 à 1851, Paris 1985.
Weis, Eberhard, Der Durchbruch des Bürgertums, 1776–1847, Propyläen Geschichte Europas Bd. 4, Frankfurt a. M./Berlin 1978, Nachdrucke 1982 und 1992.
Woolf, Stuart, Napoleon's Integration of Europe, London/New York 1991.

Register

Abbildungsverzeichnis

«Europa bauen»

Leonardo Benevolo
Die Stadt in der europäischen Geschichte
Aus dem Italienischen übersetzt von Peter Schiller.
1993. 316 Seiten mit 149 Abbildungen. Leinen

Umberto Eco
Auf der Suche nach der vollkommenen Sprache
Aus dem Italienischen von Burkhart Kroeber
1994. 388 Seiten mit 22 Abbildungen. Leinen

Ulrich Im Hof
Das Europa der Aufklärung
1993. 270 Seiten. Leinen

Michel Mollat du Jourdin
Europa und das Meer
Aus dem Französischen übersetzt von Ursula Scholz.
1993. 320 Seiten mit 2 Abbildungen und 18 Karten. Leinen

Massimo Montanari
Der Hunger und der Überfluß
Kulturgeschichte der Ernährung in Europa
Aus dem Italienischen von Matthias Rawert.
1993. 251 Seiten. Leinen

Werner Rösener
Die Bauern in der europäischen Geschichte
1993. 296 Seiten mit 21 Abbildungen. Leinen

Charles Tilly
Die europäischen Revolutionen
Aus dem Englischen von Hans-Jürgen Baron von Koskull.
1993. 368 Seiten. Leinen

Verlag C. H. Beck München